林彪元帅

姚有志 ◎ 主编

民主与建设出版社
·北京·

© 民主与建设出版社，2024

图书在版编目 (CIP) 数据

红色将帅．十大元帅．林彪 / 姚有志主编．—北京：民主与建设出版社，2017.1（2024.8 重印）

ISBN 978-7-5139-1160-3

Ⅰ. ①红… Ⅱ. ①姚… Ⅲ. ①林彪 (1907-1971) —生平事迹 Ⅳ. ①K825.2

中国版本图书馆 CIP 数据核字（2016）第 271450 号

红色将帅．十大元帅．林彪
HONGSE JIANGSHUAI: SHIDA YUANSHUAI: LIN BIAO

主　　编	姚有志
选题策划	梁　洁
责任编辑	王　越
特约编辑	胡艳红　肖贵辉
封面设计	罗四夕书籍设计工作室
内文设计	逸品文化
出版发行	民主与建设出版社有限责任公司
电　　话	（010）59417747　59419778
社　　址	北京市海淀区西三环中路10号望海楼E座7层
邮　　编	100142
印　　刷	文永印刷河北有限公司
版　　次	2017 年 6 月第 1 版
印　　次	2024 年 8 月第 2 次印刷
开　　本	710mm×1000mm　1/16
印　　张	9
字　　数	72 千字
书　　号	ISBN 978-7-5139-1160-3
定　　价	26.80 元

注：如有印、装质量问题，请与出版社联系。

目 录

003 ○ 青少年时代
008 ○ 参加南昌和湘南起义
013 ○ 参加中央苏区反"围剿"
023 ○ 长征路上
034 ○ 首战平型关
041 ○ 出任东北人民自治军总司令
050 ○ 在辽沈战役中
060 ○ 会战平津,进军中南
067 ○ 从挂职养病到毛泽东的接班人
076 ○ 抢班夺权
083 ○ 林彪"手令"
091 ○ 政变阴谋彻底破产
098 ○ 周总理接到密报
105 ○ 林彪携叶群仓皇出逃
126 ○ 全国禁空令
131 ○ 折戟沉沙

开国元帅林彪

  他1925年考入黄埔军校第4期，由此将林育蓉改名为林彪。南昌起义中为周士第师长麾下的一个连长。1928年在井冈山斗争中升为团长。这一年的12月31日他在写给毛泽东的"新年贺信"中表露了红旗到底能打多久的疑问。1930年他被任命为红4军军长，1932年与聂荣臻搭班子，被任命为红1军团军团长，此时他仅为25岁。遵义会议上他很少发言，但拥护毛泽东的正确主张。遵义会议后的一段时间他写信给中革军委说，尽走"弓背路"，应走"弓弦"，要求朱德、毛泽东交出指挥权。他与聂荣臻率红1军团参加直罗镇战役，为中共中央把全国革命的大本营放在西北举行了奠基礼。平型关大捷，使林彪成为名噪一时的抗日名将。他作为东北人民自治军司令、第四野战军司令，在东北战场指挥了包括辽沈战役在内的一系列作战，尔后率兵会战平津、进军中南。新中国成立后，他的职务一直在提升，但基本上没有在岗位上工作，治病休养。他主持军委工作中，推出了一整套"左"的东西，打击、排挤与他有不同意见的革命老干部，制造了大量冤、假、错案。他在生活中几乎不沾水，洗脸只是用干毛巾擦擦，吃饭时也不洗手，只是用沙发上的垫布蹭蹭手。8年间他只洗过一次脚，而且仅仅洗了一只，另一只说什么也不愿洗了。对于自己的病，他自己找医书看，自己开药方，甚至让身边人员给他制作药丸子。他怕风怕光，每次陪毛泽东上天安门都像是受了一次大刑一样。1971年2月，他带着叶群、林立果来到苏州的一所别墅，开始秘密策划武装政变。阴谋败露、仓皇出逃时，他紧跟着叶群从飞机驾驶舱门往里爬，光秃秃的脑袋差一点顶到了叶群的脚。

青少年时代

林彪,1907年12月5日(农历光绪丁未三十三年十一月初一)生于湖北省黄冈县回龙山区白羊山下的林家大湾。按林氏族谱序列取名祚大,字阳春,号毓蓉,后改名为彪。曾用名有:育蓉、育荣、尤勇、李进等。

▲ 黄冈早期马克思主义的传播地——浚新小学

父亲叫林明清（原名新超，1961年病逝于北京），曾先后当过乡间杂货店的店员和湖北浠水至鄂城小火轮上的管账先生。后来回村在家中开作坊，经营手工染织并兼农田耕作。母亲陈氏（村中人称"陈四婆"，1943年迫于日军进攻，举家逃难至广西柳州时病逝）主理家务。据林彪个人档案记载，到抗日战争初期，其家产"有房数间，现款约二千银元，有时雇工数人或十数人"。林彪兄弟姐妹6人，他排行第三，上有一兄一姊，下有两弟一妹。

1916年起林彪入私塾读书。1919年春转入林育南、陈潭秋、恽代英等在黄冈八斗湾创办的浚新学校。次年，浚新学校因故停办，他又转读私塾。1921年春浚新学校恢复开课，林彪重返该校就学。同年秋，他与大伯父之子林育之一起考入武昌共进中学，从此他由山乡步入城市，并于这里逐步与早期在湖北从事革命活动的陈潭秋、林育南等建立了联系，受到革命的启蒙教育。

武昌共进中学，是由武昌高等师范毕业的一些在教育界工作的人士，利用官钱局仓库筹办的一所私立学校，教员每人每月捐资2元并义务授课两小时。该校提倡学生从事生产劳动并允许参加一些社会活动。林彪是这个学校的第1期学生，他入学后被分在1年级1班。

1923年春,他离开学校休学半年,在武昌粤汉铁路工人子弟小学代课,并在这期间加入了中国社会主义青年团(1925年1月改称中国共产主义青年团)。同年秋,他返回共进中学插班在2年级2班继续就读。1925年3月,被共青团武昌地委指定为共进中学团支部书记。

1925年5月,中国共产党领导全国人民举行了声势浩大的"五卅"反帝运动。武汉各界纷纷响应,工人罢工,商人罢市,学生罢课。在这一运动的推动和影响下,林彪积极投身学生运动,并在他所在的2年级2班发起成立了共进图书社,引导和组织同学阅读"五四"以来的进步书刊。随后,为适应学生运动的发展,又与一些同学组织了学生社团——"自治新村",在陈潭秋指导下参与创办《共进月刊》。同年夏,他被湖北学生联合会推选为出席在上海举行的全国学联第7次代表大会的代表。

1925年秋,林彪经过在武昌共进中学4年的学习(实际是3年半)获准毕业,重返家乡。当时,他的父母亲希望他在附近找一个教书的职业,能照顾家里的生活。在此期间,中共中央发出通知,要求各级中共组织选送共产党人、共青团员和国民党左派投考黄埔军校。林彪得到这个消息后非常兴奋,设法说服了父母,遂经当地中共组织批准于当年冬南下广州，考入黄埔军校第4期入伍生总队，并在入校后由中国共产主义青年团员转为中国共产党党员，同时改名为林彪。

1926年3月，第4期入伍生总队正式升入第4期学生队，林彪被编在步兵科第2团第2营第3连，并担任该连中共支部书记。同年10月初，军校第4期学员毕业，林彪依学校分配，由广州北上武汉。此时，国民革命军第4军因北伐伤亡较大，急需补充，中共中央军委趁机向该部派出许多中共党员。林彪到达后，即由聂荣臻等将其分配到国民革命军第4军叶挺独立团任见习排长。

1926年10月下旬，国民革命军第4军主力为配合北伐军第2路进攻孙传芳部，由武汉出发东征。途中独立团留驻鄂城执行监视敌人的任务。11月下旬，独立团完成任务回师武汉，驻守武昌南湖进行整训。12月下旬，国民革命军第4军进行扩编，新建第25师，叶挺独立团改编为第25师第73团，叶挺任第25师副师长，周士第任第73团团长。此时林彪在第73团仍任见习排长，后随第73团参加武汉人民收回英租界的斗争。

1927年4月，武汉国民政府决定举行第二次北伐，第73团随北伐先头部队于4月中旬由武汉乘火车开赴河南驻马店地区,执行掩护北伐各军集中的任务。这时,林彪升任第73团第3营第7连连长。随后率队参加了打上蔡、临颖和攻占许昌城等战役战斗。不久,第73团在国民革命军第2方面军序列内随"东征讨蒋"军移师江西九江,布防于南浔铁路上的马回岭地区。

参加南昌和湘南起义

1927年7月15日,国民党内的汪精卫集团紧步蒋介石发动"四·一二"反革命政变的后尘,公开背叛革命,使中国人民从1924年开始的国共合作的反帝反封建的大革命遭到失败。为了反抗国民党反动派的屠杀政策,挽救中国革命,中共中央于7月下旬决定领导自己掌握和影响的部分国民革命军在南昌举行起义。8月1日晨,在以周恩来为书记的中共前敌委员会与贺龙、叶挺、朱德、刘伯承的领导下,国民革命军第2方面军第11军第24师和第20军等部在南昌举行起义。当日下午,驻在马回岭地区的第4军第25师第73团全部、第75团3个营和第74团机枪连,在聂荣臻、周士第等率领下举行起义,8月2日到达南昌与主力会合。起义总指挥部以第73团为基础扩编为第25师,编入第11军序列,周士第任师长,黄浩生任第73团团长,陈

南昌、秋收(湘赣边)、广州起义及向井冈山进军路线图
(1927年8月—1928年4月)

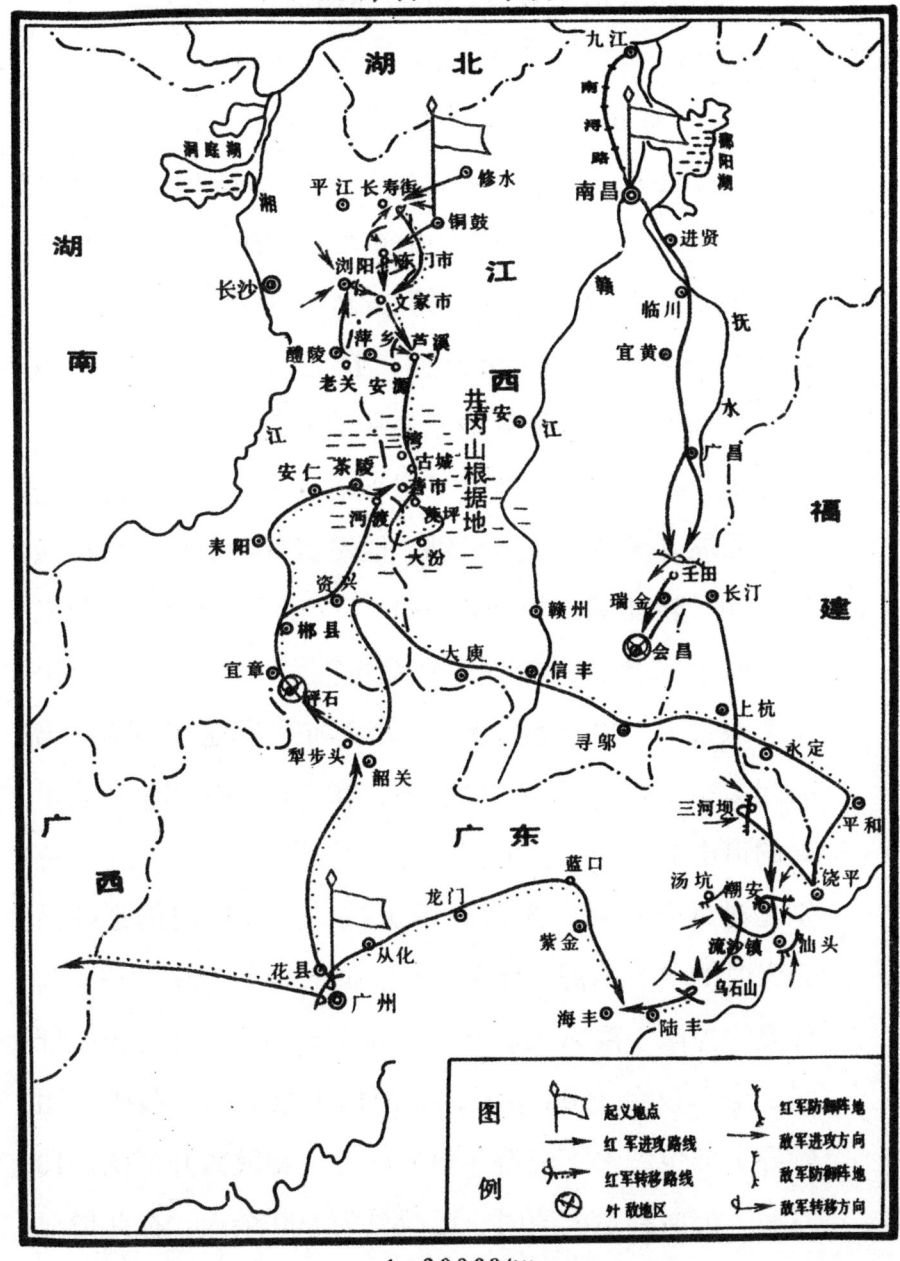

1:6000000

毅随后任团政治指导员。此时林彪仍任该团第3营第7连连长。

8月3日起，南昌起义军南下，林彪随第73团在南下征战中参加了瑞金、会昌等战斗。9月中下旬，南昌起义军经福建转进广东，占领大埔、松口、三河坝地区。在此，起义军分兵，第25师等部在朱德指挥下，留守三河坝。9月底10月初，起义军主力在揭阳县山湖地区和普宁县钟潭等地遭强敌截击而失败，余部退入海陆丰。在此期间，留守三河坝地区的起义军与优势进攻之敌展开激战，予敌重创，但终因寡不敌众，被迫撤出战斗，转往潮（州）汕（头）。后与从潮汕撤出的起义军200余人会合。为保存革命力量，朱德、陈毅等决定率余部共2500余人沿闽粤赣3省边界地区活动。当时起义军面临的形势十分严峻，除了要设法摆脱敌人重兵的追击和反动民团的截击外，生活上也异常艰苦。特别是进入江西后，虽已时至深秋，但官兵们仍是南昌起义时的单衣单裤，露宿山林，同时得不到粮食和医药补充，掉队、离队人员日多。起义军到达安远县天心圩时，全军仅余1500余人，长短枪千余支，一些师、团领导干部也失去了坚持斗争的信心，相继离开部队。10月底，部队到达大庾时，已减员为800余人。在此情况下,林彪也在大庾离队开了小差,因为沿途民团搜查、抢劫和杀人,他只身走到梅关被迫返回部队。由于当时的特殊情况,领导对他私自离队未加追究,让他仍回原来的连队任连长。

1927年12月,南昌起义军南下粤北准备参加广州起义后的斗争,但到达曲江时,广州起义已经失败,遂收容了从广州撤出的起义军200多人后停止南下,转至湘南地区。

1928年1月中旬,朱德、陈毅率部智取宜章县城后,部队改称中国工农革命军第1师,朱德任师长,陈毅任党代表,王尔琢任参谋长,将原有部队整编为3个营。整编后,林彪改任第1营第2连连长。1月下旬,工农革命军第1师由宜章挥师北上,在中共湘南地方组织的配合下发动了声势浩大的湘南起义。3月,国民党军以7个师的兵力反扑湘南,为保存革命力量,朱德、陈毅率工农革命军于4月上旬撤出湘南地区,向井冈山革命根据地转移,中旬与毛泽东部在井冈山会师,两支部队合编为工农革命军第4军(后称红军第4军),由朱德任军长,毛泽东任党代表,王尔琢任参谋长,下设3个师。不久,部队缩编为第28、第29、第31、第32团,取消师的番号,军直辖团。这时林彪升任第28团第1营营长。7月中旬，红4军在击破江西国民党军对井冈山根据地的第二、第三、第四次"进剿"后，为了打破江西、湖南两省国民党军的联合"会剿"，朱德和红4军军委书记陈毅率第28、29团进至湖南省酃县、茶陵一带活动。其间，随军行动的湖南省委代表杜修经利用红29团的乡土观念，鼓动该部开赴湘南，第28团随同前往。8月下旬，在红28团返回井冈山途中，发生了该团前卫营营长袁崇全叛变事件，红4军参谋长兼第28团团长王尔琢不幸被叛徒杀害。部队返回井冈山后，红4军军委任命林彪接任第28团团长。

参加中央苏区反"围剿"

1928年9月，红4军主力返回井冈山后，在朱德、毛泽东指挥下，采取对湘敌取守势，对赣敌取攻势的方针，运用灵活机动的战术，连续取得4次进攻作战的胜利，彻底击破了湘赣两省国民党军对井冈山根据地的第二次"会剿"，并使红4军的力量得到较大发展。12月初，彭德怀、滕代远率平江起义组成的红5军主力到达井冈山。随着红军作战的胜利和红军队伍的扩大，敌人对井冈山地区的经济封锁更加严密，这时部队的吃、穿、用等都发生了极大困难。湘赣两省国民党军不甘心第二次"会剿"失败，再次部署对井冈山根据地的第三次更大规模的"会剿"。有鉴于此，毛泽东于1929年1月中旬，在宁冈柏露村召开了有红4军前委、红4、红5军军委和一些县委及红军团以上干部参加的联席会议。着重讨论第三次反"会剿"和解决经济困难等问

开国元帅 林彪

题。讨论中，多数人主张打出去。林彪发言同意多数人的意见。他说："现在边界很困难，只有红米南瓜不行，一定要打出去，否则，就没办法维持。"会议最后决定分兵，由彭德怀、滕代远指挥第30团（红5军到达井冈山后改编为红4军第30团）和第32团留守井冈山；毛泽东、朱德率领红4军主力第28、第31团及军直属队向赣南出击，以求先打破敌之经济封锁，解决经济困难，倘此期间敌人对井冈山进行"会剿"，则在外线作战，以"围魏救赵"战法配合守山部队打破"会剿"。

1月14日，团长林彪和党代表何挺颖率第28团随朱德、毛泽东离开井冈山，经遂川、上犹、崇义县境向赣南出击。"会剿"井冈山的国民党军发现红4军主力南下后，紧急调集兵力截追。由于敌人重兵的前堵后追，红4军主力进入赣南后斗争极其艰苦，处境十分困难，部队受到很大损失。3月上旬，红4军由赣入闽。14日，于长汀城南长岭寨全歼国民党福建省防军第2混成旅，乘胜攻占长汀城。在这里，红4军主力进行整编，将第28、第32团和特务营编为3个纵队，第28团大部编为第1纵队，由林彪任纵队长（不久，改称纵队司令），陈毅任党代表。

长汀战斗后，红4军前委决定部队不再返回井冈山，在赣南、闽西地区开展游击战争,创造新的革命根据地。此后林彪率部随红4军转战赣南、闽西,参加了三打龙岩等战斗和闽西苏区反"会剿"斗争。10月,他率部和第1、第2、第3纵队在红4军军部率领下进军东江,参加了松源、梅县等战斗。12月底,参加红4军第九次党代表大会(即古田会议),当选为红4军前委委员。

在红4军转战赣南、闽西地区的斗争中,林彪曾过高估计敌人力量,怀疑红旗能打多久,并在1929年12月31日写给毛泽东的"新年贺信"中表露了这种情绪。毛泽东根据新的斗争情况并针对当时红4军中存在的一些问题,于1930年1月5日给林彪写了一封长信(即《星星之火,可以燎原》),对他及红4军中一部分人存在的右倾悲观思想进行了批评和耐心的说服教育。

1930年6月,随着赣南、闽西苏区的发展和红军的壮大,根据全国红军代表会议的决定,红军第4、第6、第12军在闽西长汀组成中国工农红军第1军团(开始时称第1路军),朱德任总指挥,毛泽东任政治委员。此时林彪升任第4军军长,并当选为红1军团前委委员。8月下旬,红1军团与红3军团在湖南浏阳县的永和市会师,组成中国工农红军第一方面军,林彪又当选为中

共红一方面军总前敌委员会委员和中国工农革命委员会委员。在此期间,他率部参加了文家市、长沙、吉安等战役、战斗。在长沙战役中,任攻城司令,与政委罗荣桓统一指挥第4、12军作战。1930年11月至翌年7月,国民党军调集重兵对中央苏区连续3次进行大规模"围剿"。在反"围剿"作战中,他与罗荣桓率第4军多次担任战斗的主攻任务,对取得反"围剿"的胜利作出了应有贡献。1931年11月,在中央苏区连续取得3次反"围剿"胜利的形势下,中华苏维埃共和国临时中央政府和中央革命军事委员会于江西瑞金宣告成立,林彪当选为中央执行委员和中央革命军事委员会委员。

1932年2月,红一方面军奉中共临时中央指示攻打赣州,林彪率红4军在彭德怀指挥下与红3军团一起担负主作战军的任务。同年3月12日,红一方面军进行整编,林彪升任红1军团军团长,聂荣臻任军团政委。3月18日,红1、红5军团奉命组成中路军(后改称东路

▲ 林彪与毛泽东在中央苏区的合影

中央革命根据地第一次反"围剿"经过要图
(1930年11月—1931年1月)

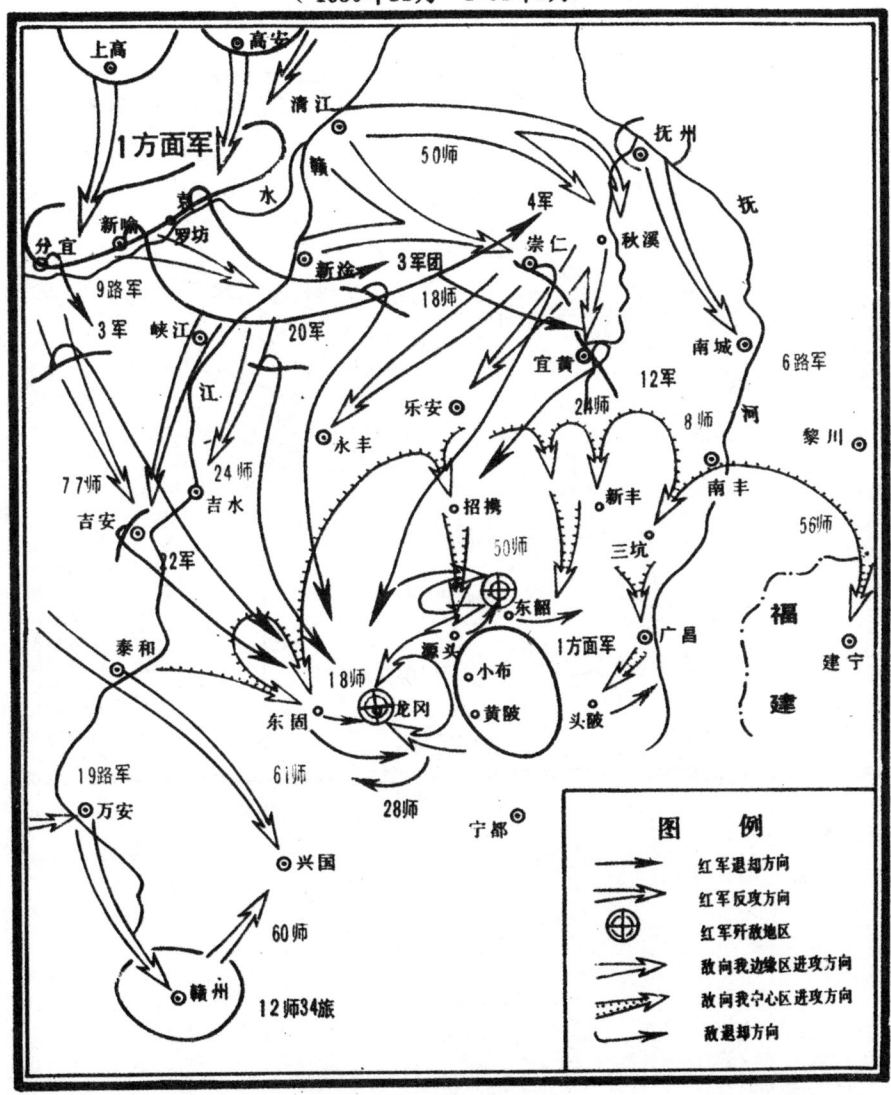

1:2000000

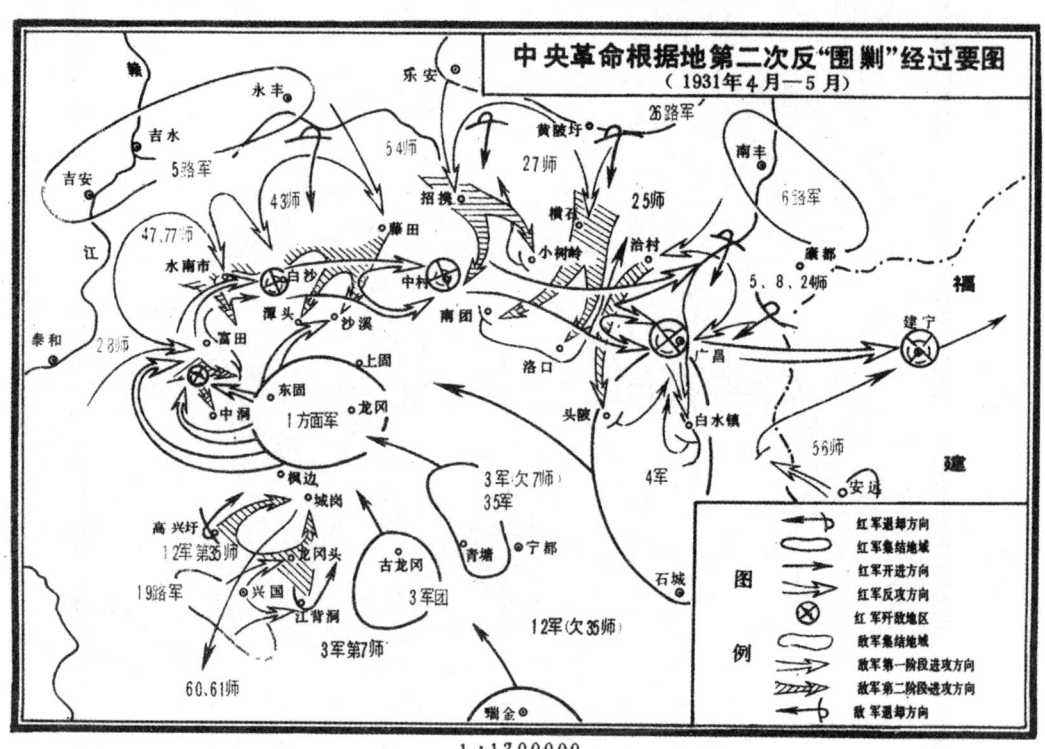

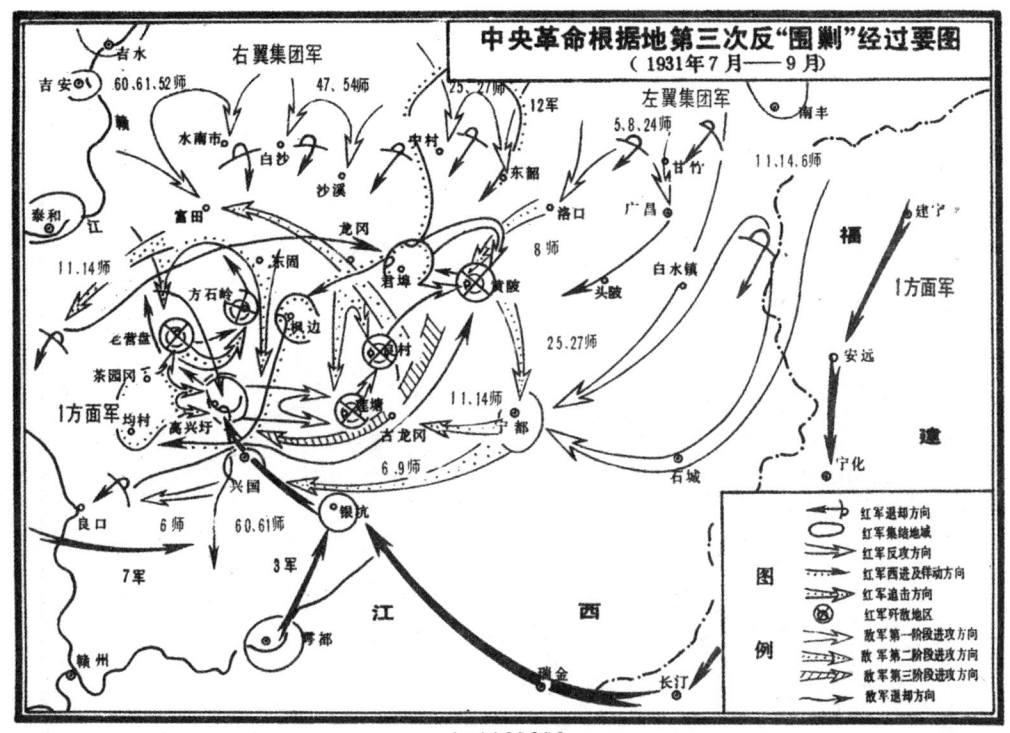

第四次反"围剿"经过要图
(1933年2月—3月)

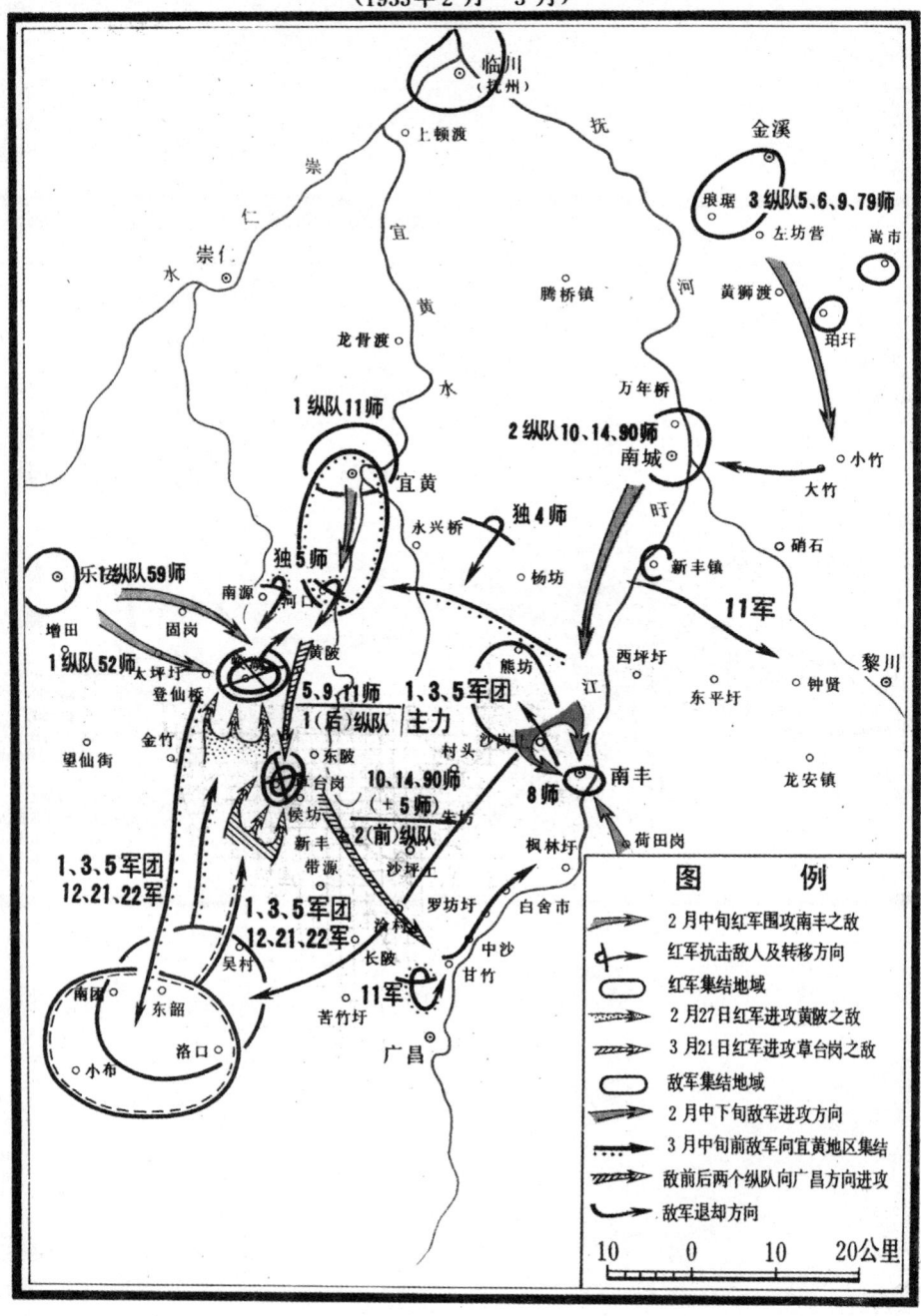

第五次反"围剿"战前态势图
(1933年9月)

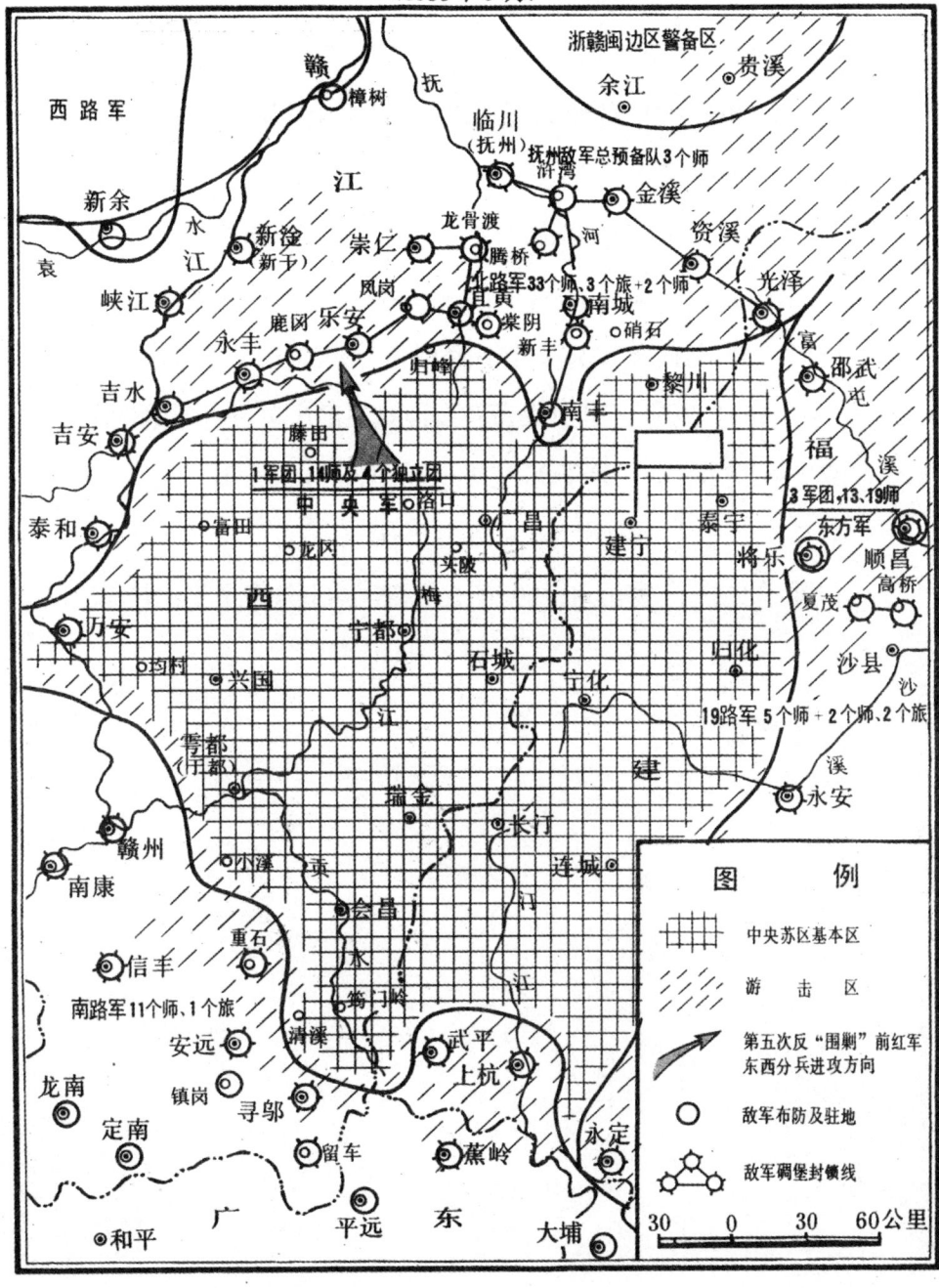

军），林彪、聂荣臻分任总指挥和政委。随后，他们在随军行动的中华苏维埃共和国临时中央政府主席毛泽东的指导下率部进军福建，先后取得龙岩、漳州战役的胜利。之后，东路军奉命于6月上旬回师至赣南，并取消东路军番号。随后林彪和聂荣臻率红1军团参加了南雄水口、乐安宜黄、建（宁）黎（川）泰（宁）、金（溪）资（溪）等进攻战役和中央苏区第四、第五次反"围剿"作战。在此期间，中华苏维埃共和国于1934年1月召开第二次工农兵代表大会，林彪再次当选为中华苏维埃共和国中央执行委员和中央革命军事委员会委员。

长征路上

1934年10月,中央苏区红军第五次反"围剿"作战失利,红军主力被迫实行战略转移。中旬,林彪和聂荣臻奉命率红1军团万余人担任长征部队的左路前卫,会同红3、5、8、9军团掩护中共中央和军委机关由江西瑞金出发开始长征。至11月中旬,红1军团先后攻占金鸡、新田、城口、九峰山等地,会同其他军团掩护中央纵队突破国民党军第1、2、3道封锁线,进至湘南地区。这时,蒋介石调集兵力,在湘南地区进行堵截,企图消灭红军于湘江以东地区。鉴于这种情况,中央革命军事委员会于11月25日令中央红军向全州、灌阳地区急进,渡过湘江,迅速突破国民党军第4道封锁线。据此,林彪和聂荣臻于27日率所属第2师首先渡过湘江,并控制湘江西岸界首至脚山铺之间的渡河点,指挥所部会同红3军团在湘江西岸坚守4昼夜,顽强抗击国

民党军优势兵力的多次猛烈进攻，掩护中央纵队和红军主力渡过湘江。随后，林彪和聂荣臻率红1军团作为长征纵队的右翼先头部队，继续担任开路任务。1935年1月初，指挥所部突破乌江天险，继占湄潭、遵义。1月15～17日，林彪和聂荣臻作为军团领导人参加了中共中央政治局在遵义举行的扩大会议，会议期间林彪很少发言，但拥护毛泽东的正确主张。

遵义会议后，林彪和聂荣臻率部在毛泽东指挥下，参加四渡赤水作战、南渡乌江、威逼贵阳、进军云南、巧渡金沙江等作战行动。

1935年5月上旬，中央红军渡过金沙江，跳出国民党军围追堵截的包围圈后进至川西南的会理地区进行短期休整，总结了中央红军实行机动作战的经验。在此期间，林彪不顾遵义会议以来中央红军在毛泽东的正确领导下转危为安，取得节节胜利的事实，竟写信给中革军委说现在走的尽是"弓背路"，应走"弓弦"，这样下去会把部队搞垮，进而要求朱德、毛泽东交出指挥权。5月12日，中共中央在会理郊区的铁厂召开政治局扩大会议（即会理会议），对林彪的错误进行了严肃的批评教育。

会理会议后，林彪和聂荣臻率红1军团继续作为先

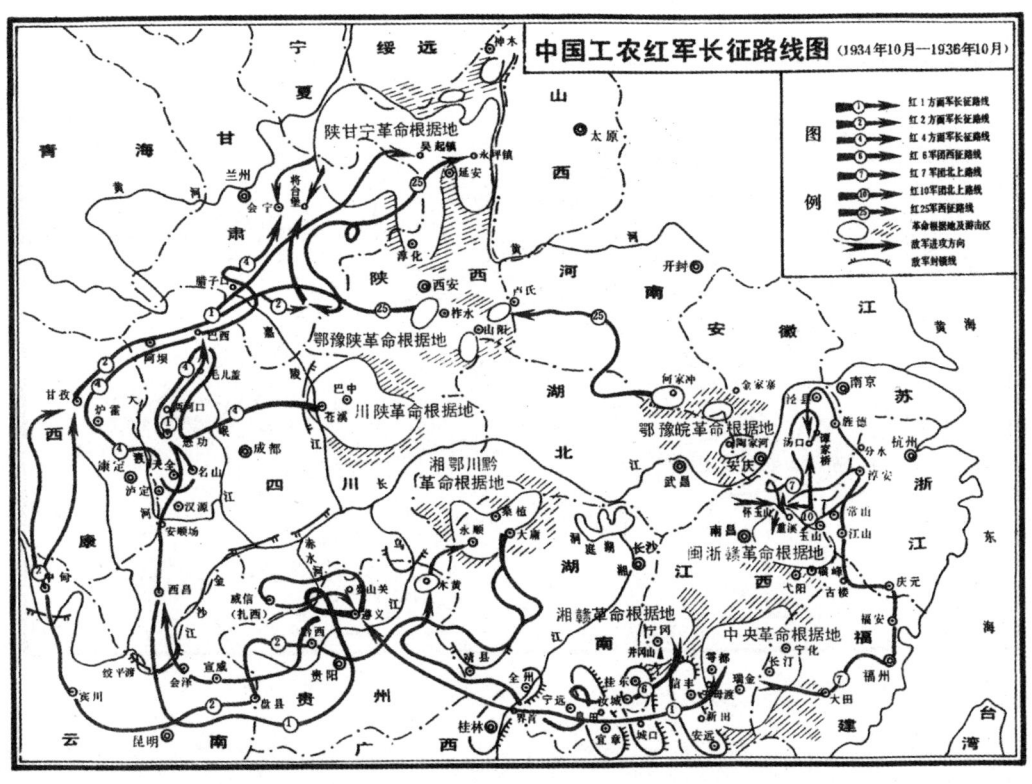

一渡赤水河要图

(1935年1月19日—2月9日)

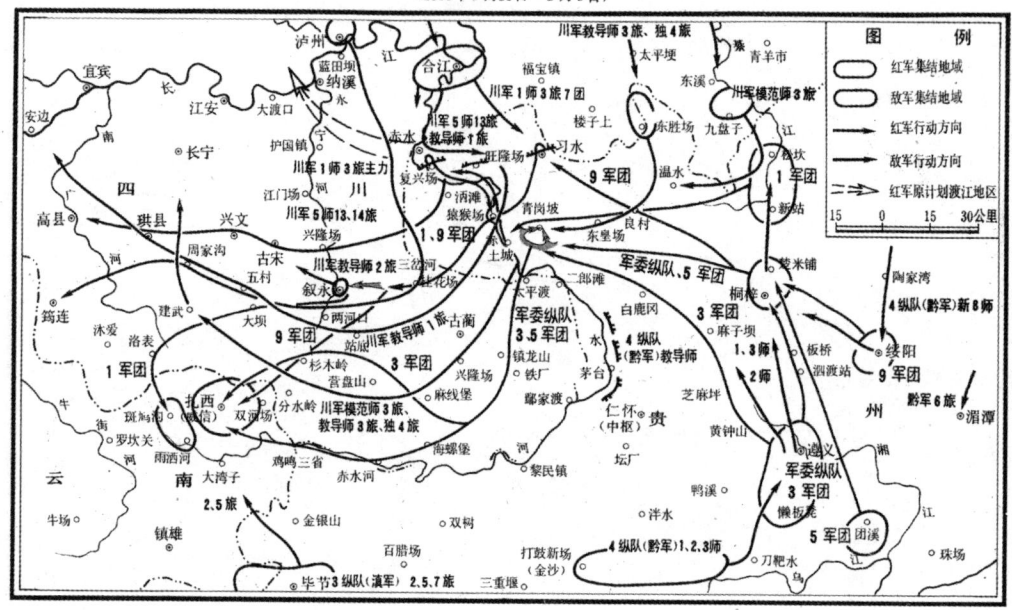

二渡赤水河要图

(1935年2月11日—3月1日)

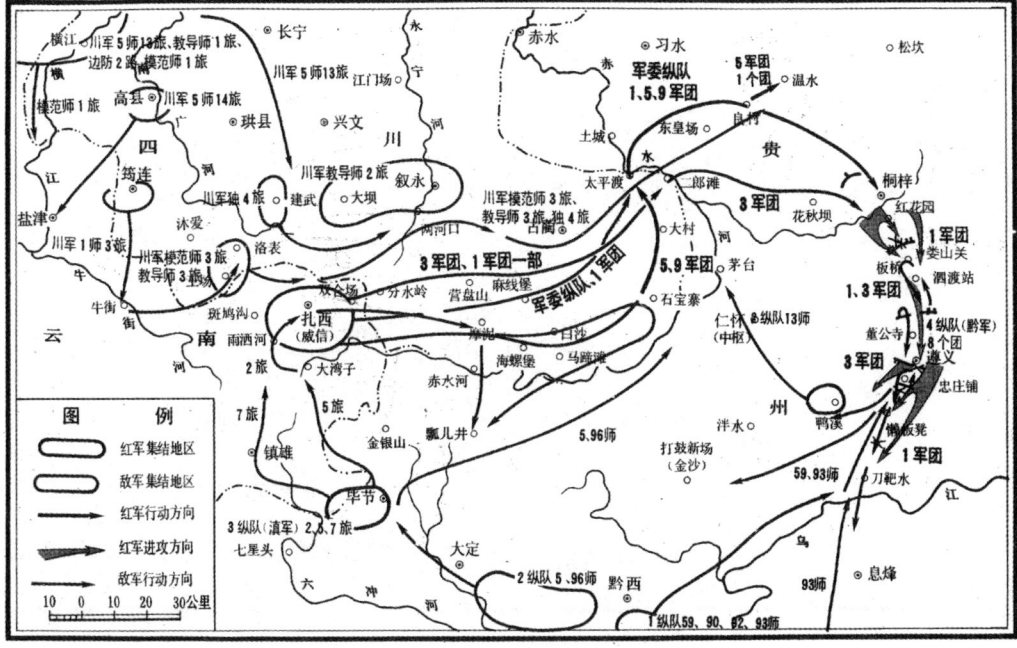

三渡赤水河要图

(1935年3月11日—19日)

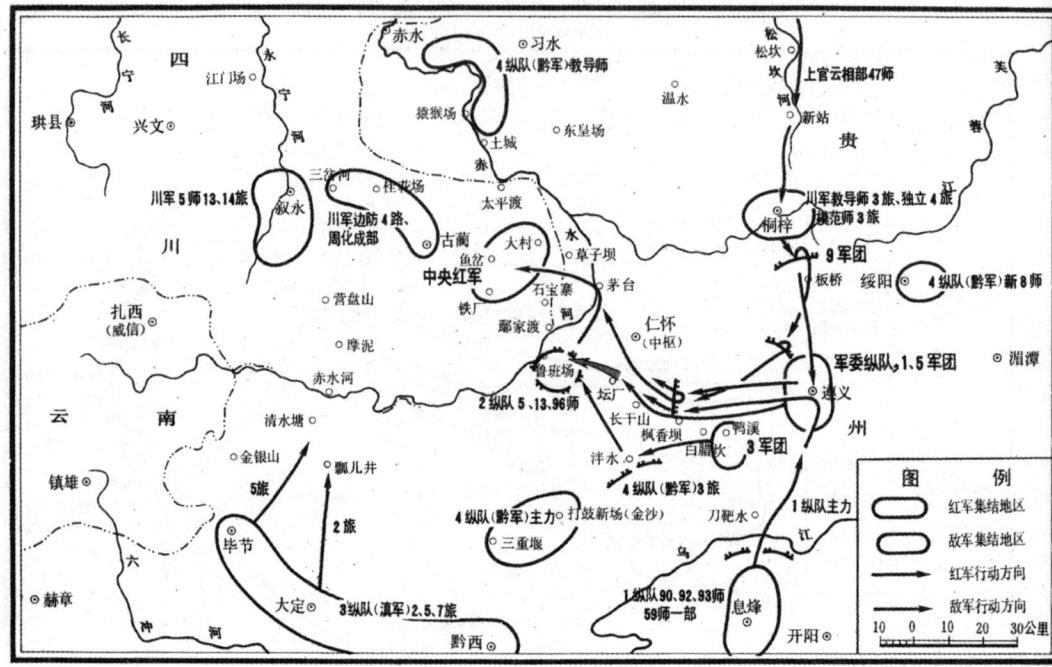

四渡赤水河、南渡乌江要图
(1935年3月20日—4月5日)

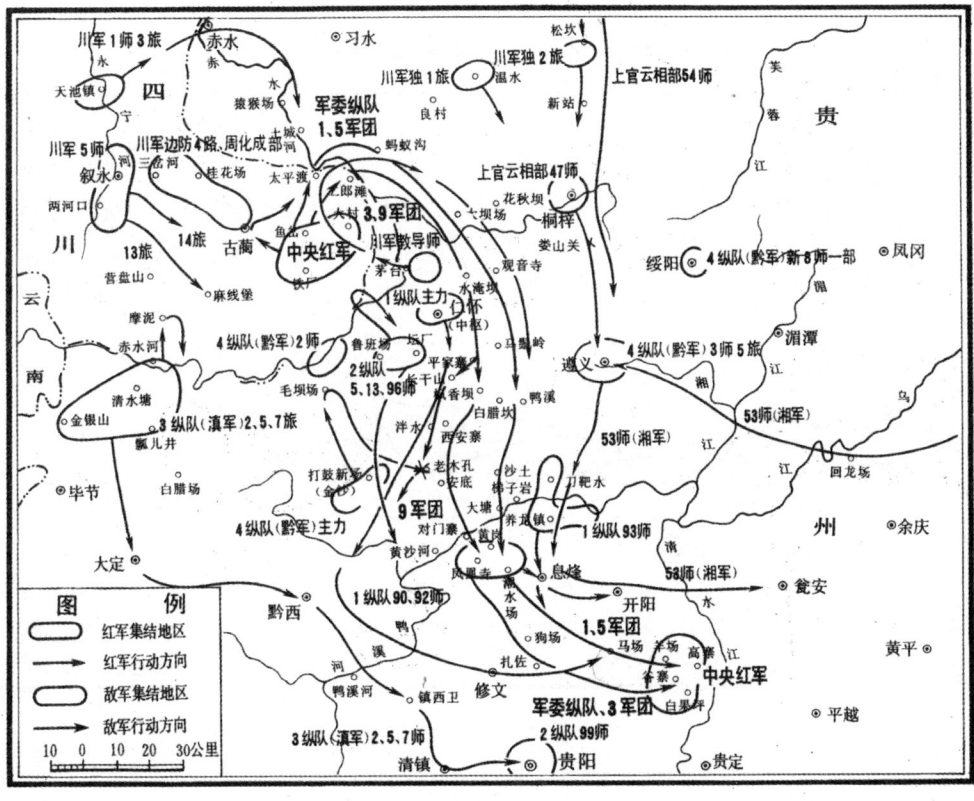

进军云南、巧渡金沙江要图

(1935年4月8日—5月9日)

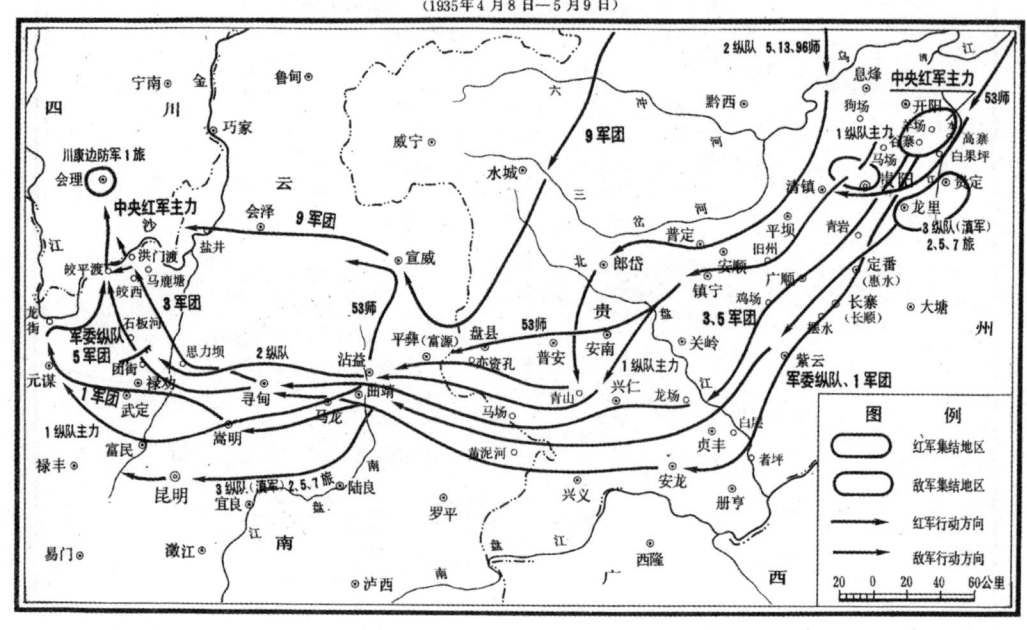

头部队，沿会理至西昌大道北进。5月27日，林彪率所部第2师第4团夺占川康要道泸定桥，为中央红军主力跨越天险大渡河打开通路。随后，与聂荣臻一起指挥第1军团突破国民党川军的芦山、宝兴防线，翻越终年积雪的夹金山，于6月中旬与红四方面军会合。同年7月，中共中央为了统一红一、红四方面军会合后的编制，决定中央红军第1、第3、第5、第9军团，依次改为第1、第3、第5、第32军。林彪和聂荣臻分任第1军军长和政委。8月初，中共中央为贯彻两河口政治局会议确定的北上方针，部队混编为左、右两路军。林彪、聂荣臻所率第1军与红四方面军第30军编为右路军。8月21、23日第1军分为两批从毛儿盖地区出发进入草地，经艰苦行军，至27日前后到达班佑，29日到达巴西。随后又作为先头部队于9月上旬进至甘肃省俄界（今高吉）地区。在此期间，张国焘公开反对党的北上方针，并于9月9日背着中共中央电令陈昌浩，以武力要挟党中央和红一方面军"南下，彻底开展党内斗争"，阴谋危害党中央。在这种情况下，毛泽东、周恩来、张闻天等经紧急磋商决定率红1、红3军和军委纵队先行北上。9月12日，中共中央政治局在俄界召开扩大会议，讨论张国焘分裂党、分裂红军的错误和部队

▲ 1937年1月,中国抗日红军大学改名为中国人民抗日军事政治大学(简称"抗大")。图为"抗大"部分学员合影(左4林彪,左6罗荣桓)

的行动方针,并决定将红1、红3军和军委纵队改编为中国工农红军陕甘支队,彭德怀任司令员,毛泽东任政委,林彪任副司令员兼第1纵队司令员。同时,由毛泽东、周恩来、彭德怀、林彪、王稼祥组成五人团,领导红军的工作。随后,陕甘支队经岷州哈达铺、通渭榜罗镇等地,于10月19日到达陕西吴起镇(今吴旗县城),结束长征。11月初,陕甘支队与红15军团会师,恢复红一方面军番号,彭德怀任方面军司令员,毛泽东任政委。原陕甘支队第1、第2纵队改编为红1军团,林彪

任军团长，聂荣臻任政委。与此同时，中华苏维埃共和国中央政府决定成立中国工农红军西北革命军事委员会，林彪被任命为军事委员会委员。

同年11月21日，林彪和聂荣臻率红1军团参加直罗镇战役。战役中，红1军团与红15军团紧密配合，激战5天，全歼国民党第109师又1个团，彻底粉碎了敌人对陕甘苏区的第三次"围剿"，为中共中央把全国革命的大本营放在西北举行了奠基礼。

1936年2月，林彪和聂荣臻率红1军团由陕甘苏区东渡黄河，参加东征战役。东征军回师陕北后，中共中央政治局常委于5月20日举行会议，决定开办中国抗日红军大学（简称"红大"），任命林彪为校长，毛泽东兼任政委。12月起，林彪任校长兼政委。次年1月，"红大"随中共中央、中央革命军事委员会领导机关从保安县（今志丹县）迁至延安，改名为"中国人民抗日军事政治大学"（简称"抗大"），林彪继任校长兼政委，并兼任抗大第一分校校长和政委。

首战平型关

1937年7月7日抗日战争爆发。8月下旬，中国工农红军改编为国民革命军第八路军（同年9月，按全国统一战斗序列，改称第18集团军）。原红1军团、红15军团及陕南第74师等部编为第115师，中共中央军委任命林彪为师长，聂荣臻为副师长（后改任政治委员），周昆为参谋长，罗荣桓为政训处（后改为政治部）主任。8月22日，林彪离开抗日军政大学，从延安到洛川，参加了中共中央召开的政治局扩大会议（即洛川会议），会上当选为中央军委委员。随后，中央军委决定成立军委前方分会（后称华北军分会），林彪任分会委员和第115师军政委员会书记。在此期间，由于日军不断增强兵力大举进攻，华北战局危急，八路军即以第115师主力由陕西省三原地区誓师出征，开赴华北抗日前线。

▲ 1937年，115师师长林彪、副师长聂荣臻率部队向敌后挺进

这时，沿平绥铁路西犯之日本关东军察哈尔派遣兵团，先后突破国民党军第7集团军之天镇、阳高等地防线占领了大同，其主力则沿同蒲铁路南下，向雁门关、茹越口进攻。与此同时，由平绥路上的宣化、新保安、怀来等地向晋东北进犯之日军华北方面军第5师团，占领蔚县、广灵、涞源后，继续向浑源、灵丘进攻，企图突破平型关、茹越口，协同关东军察哈尔派遣兵团击溃

国民党军第2战区主力,打开晋北通路,进而实现右翼迂回,配合华北方面军主力歼灭平汉铁路沿线的国民党军。为了配合第2战区国民党军作战,阻止日军的攻势,林彪根据八路军总部命令率部于9月14日进抵平型关以西之大营镇地区待机,并亲自率领侦察分队查明了平型关地区的情况。

根据平型关地区利于设伏歼敌的地形,林彪决心抓住日军骄横、疏于戒备的弱点,出其不意,以伏击手段歼灭由灵丘向平型关进犯之敌,配合友军作战。遂令第343旅由大营镇前出至平型关东南之上寨地区隐蔽集结,积极进行战前准备;令第344旅向上寨地区机动。22日,日军第5师团一部由灵丘向平型关进犯,并占领东跑池地区。23日,八路军总部令第115师向平型关、灵丘间出动,侧击该敌。同日,第115师在上寨召开干部会议,进行深入的战斗动员,并令独立团、骑兵营向灵丘、涞源方向活动,扰乱敌之后方,牵制和打击增援之敌。师部率主力于当日夜进至平型关以东之冉庄、东长城村地域。24日,林彪和聂荣臻组织各级指挥员进行了现地勘察,并分配了所属各部队的任务:第343旅第686团占领小寨村至老爷庙以东高地,实施中间突击,分割歼灭沿公路开进的日军,尔后向东跑池方

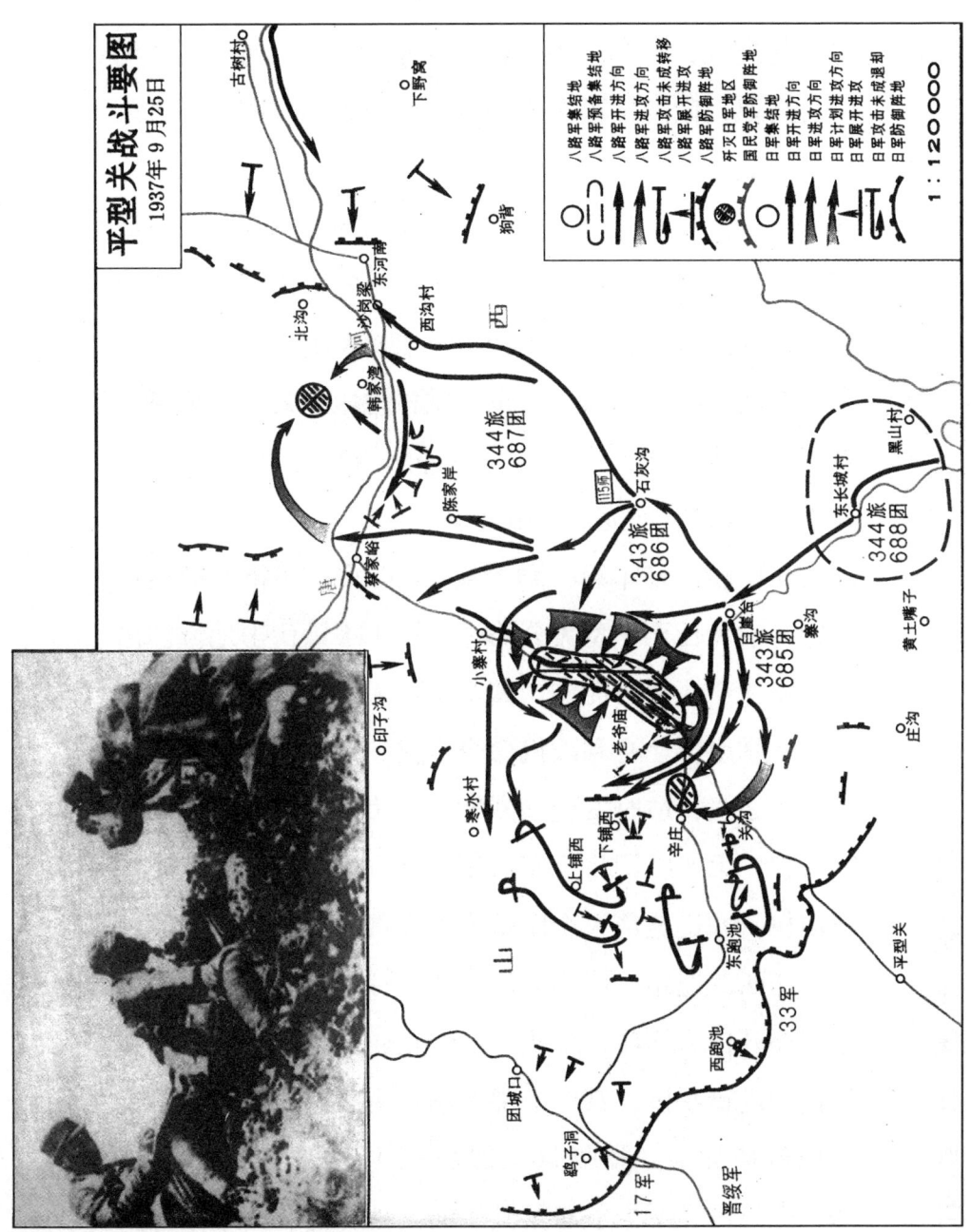

向发起进攻；第343旅第685团占领老爷庙西南至关沟以北高地，截击日军先头部队，协同第686团围歼进入伏击地域的日军，并阻击由东跑池增援的日军，尔后协同第686团及防守平型关的国民党军夹击东跑池日军；第344旅第687团占领西沟村至蔡家峪以南高地，断敌退路，并阻击由灵丘和浑源方向增援的日军；第344旅第688团为师预备队进入东长城村地域。为了隐蔽行动企图，达成战斗的突然性，各部队当晚冒雨进入阵地，并于25日拂晓前完成了战斗准备。

25日晨，日军第5师团第21旅团一部和大批辎重车辆，沿灵丘至平型关公路进入第115师伏击地域。由于道路狭窄，雨后泥泞，其车辆、人马拥挤堵塞，行动缓慢。林彪抓住有利战机命令全线突然开火，并乘敌陷于混乱之机，适时发起猛烈冲击。第685团迎头截歼日军一部。第687团将日军后尾部队分割包围于蔡家峪和西沟村，并迅速消灭企图抢占韩家湾北侧高地的一股日军，切断其退路。第686团主力勇猛地冲向公路，同侵略军展开白刃格斗，日军死伤惨重，但仍利用车辆辎重作掩护进行顽抗，其中一部企图抢占公路西侧及其附近高地掩护突围。林彪急令第686团第2营迅速冲过公路，先敌占领了老爷庙及其以北高地，与公路东侧部队对日军构成夹击之势，并将其压迫于老爷庙至小寨村的峡谷之中。为解救被围日军，先期进占东跑池的日军一部回援，被第685团阻击。日军第5师团长板垣征四郎令其在蔚县、涞源的部队速向平型关增援，则被第115师独立团、骑兵团阻击于灵丘以北和以东地区。被位于老爷庙至小寨村的日军，终被全歼。这次战斗，共歼日军精锐第5师团21旅团一部千余人，击毁汽车百余辆，马车200余辆，缴获各类枪千余支（挺）、军马50匹及其他大批军用物资。这是华北战场上中国军队主动出击首次取得的大胜仗，打破了"日军不可战胜"的神话，极大地振奋了全国军民的士气，增强了抗战胜利信心，也大大提高了共产党和八路军的威望，同时也使林彪成为名噪一时的抗日名将。10月17日，林彪以《平型关战斗的经验》为题在《解放》周刊上发表文章，总结出12条与日军作战的经验。

1938年2月，林彪奉命率第115师师部和第343旅由晋东北南下，到吕梁地区开辟根据地。3月2日，他带师直属队途经隰县以北千家庄时，被当地驻军阎锡山部第19军警戒部队的哨兵开枪误伤，子弹从右肋进由左侧背穿出，伤及肺和脊骨，当即经永和送延安治疗，第115师师长职务由第343旅旅长陈光代理。

林彪在延安经过一段治疗后，经党中央批准于同年冬赴苏联继续就医，住在莫斯科郊外科尔斯基村的一所疗养院（该院对外称"七部"或"八部"，共产国际将其称为"中央党校"）疗养。

1942年2月，林彪离开苏联经新疆返回到延安，任中共中央党校管理委员会成员，主持军事教育会议，参加整风运动。8月14日，蒋介石在重庆约见周恩来，提出要在西安会见毛泽东。周恩来从毛泽东的安全和斗争策略考虑提议林彪代表毛泽东到西安先见蒋介石，并得到毛泽东和中央书记处的同意。9月中旬，林彪乘汽车由延安至西安，又赴重庆，于10月7日到达八路军驻重庆办事处，此后他在这里停留近10个月，与周恩来一起同张治中、蒋介石等就实现国内和平问题进行谈判。1943年7月13日，林彪和周恩来等离重庆返回到延安，继续到中共中央党校工作。

1945年4月，林彪参加中国共产党第七次全国代表大会，当选为中央委员。8月，在中共中央政治局扩大会议上当选为中共中央军委委员。

出任东北人民自治军总司令

1945年8月,抗日战争胜利后,中共中央决定派林彪到山东工作,任山东军区司令员和中共山东分局委员。

8月25日,林彪会同萧劲光等乘飞机离开延安经太行根据地前往山东。9月19日,他们进至河南省濮阳时收到中央电报,要求山东主力及大部分干部迅速向冀东及东北出动,以控制东北;原定赴山东工作的林彪、萧劲光等转道赴东北;同时指示成立冀热辽中央局,扩大冀热辽军区,以李富春为中央局书记,林彪为军区司令员。10月底,中共中央、中央军委决定所有进入东北的部队及由抗日联军扩建的东北人民自卫军,统一组成东北人民自治军,任命林彪为总司令,彭真为第一政委,罗荣桓为第二政委,吕正操为第一副司令,李运昌为第二副司令,萧劲光为第三副司令兼参谋

长,并组成东北人民自治军总部。11月1日,林彪到达沈阳。

12月28日,中共中央发出《建立巩固的东北根据地》的指示,要求东北人民自治军"将正规军队的相当部分,分散到各军区去,从事发动群众,消灭土匪,建立政权"等工作。林彪和东北局其他领导人一起根据中央指示迅速调整部署,整顿部队,将原来划分的10个军区先后合并为东满、南满、西满、北满军区,并实行新老部队合编。同时,将主力部队的大部,有重点地划归各军区指挥,由地方部队协同,在广大地区清剿匪伪,发动群众,建立根据地;以一部主力编为机动作战

▲ 在三下江南、四保临江战役中,北满解放军冒着零下30多度的严寒,向松花江南岸挺进

部队，相机打击分散孤立之敌。至1946年3月，全区部队共歼灭武装土匪和伪满军警7万余人，收复许多中小城镇，部队发展到31万人。在此期间，东北人民自治军于1946年1月改称东北民主联军，林彪任总司令，并先后兼任西满军区司令员和东满军区政委。2月14日，他集中2个师的兵力，一举全歼进占辽宁省法库县秀水河子地区的国民党军4个营共1600余人，取得我军进入东北后的第一个歼灭战的胜利。

1946年4月上旬至5月中旬，林彪等指挥东北民主联军主力，进行了四平保卫战，歼灭国民党军万余人，民主联军也付出了8000人伤亡的代价。6月初，民主联军部分主力撤至松花江北岸，其余部队分别转至东满、西满地区。6月6日，国共双方经过磋商，分别发表声明，从6月7日起东北地区休战15天进行谈判。随后，国民党军由于进行新的进攻准备尚未就绪，又要求延长休战期限，使停战局面持续了4个月。

休战期间，我东北地区的党、政府和军队集中全力加强根据地建设和部队整训。6月16日，根据中共中央指示，东北局、东北民主联军领导人进行调整，林彪任东北局书记、东北民主联军总司令兼政委，彭真、罗荣桓、高岗、陈云任副书记兼副政委，并以林、彭、罗、高、陈5人组成东北局常委。7月初，中共中央东北局在哈尔滨举行扩大会议，讨论根据地、军队建设和作战方针等问题，并于7月7日通过了由陈云起草的《东北的形势与任务》的决议（史称《七七决议》）。决议强调把发动群众、创造根据地作为第一位的工作，要军队以主力兵团配合地方武装，切实肃清土匪，巩固根据地。随后，东北局和民主联军总部乘国民党军暂时停止对东北解放区进攻的时机，从各机关和各主力兵团抽调万余名干部下乡发动群众，并开展大规模的剿匪活动。

1946年10月初，东北地区的国民党军经过整补集中7个军25万人，连同地方保安团队共40万人，采取"南攻北守，先南后北"的方针，以一部兵力监视北满，主力向南满解放区发动进攻，至10月中旬，相继占领柳河、浑南、清原、兴京等地。随后，集中8个师分3路向通化、安东地区进击。为了粉碎敌人的进攻，林彪指示南满部队采取集中主力寻敌弱点，在运动中各个歼灭敌人的方针。南满部队遵照指示积极诱敌深入，创造战机，于10月31日至11月2日，在本溪东南的新开岭地区诱歼号称"千里驹"的国民党军第52军第25师8000余人。

新开岭战役后，国民党继续集结重兵进攻临江地

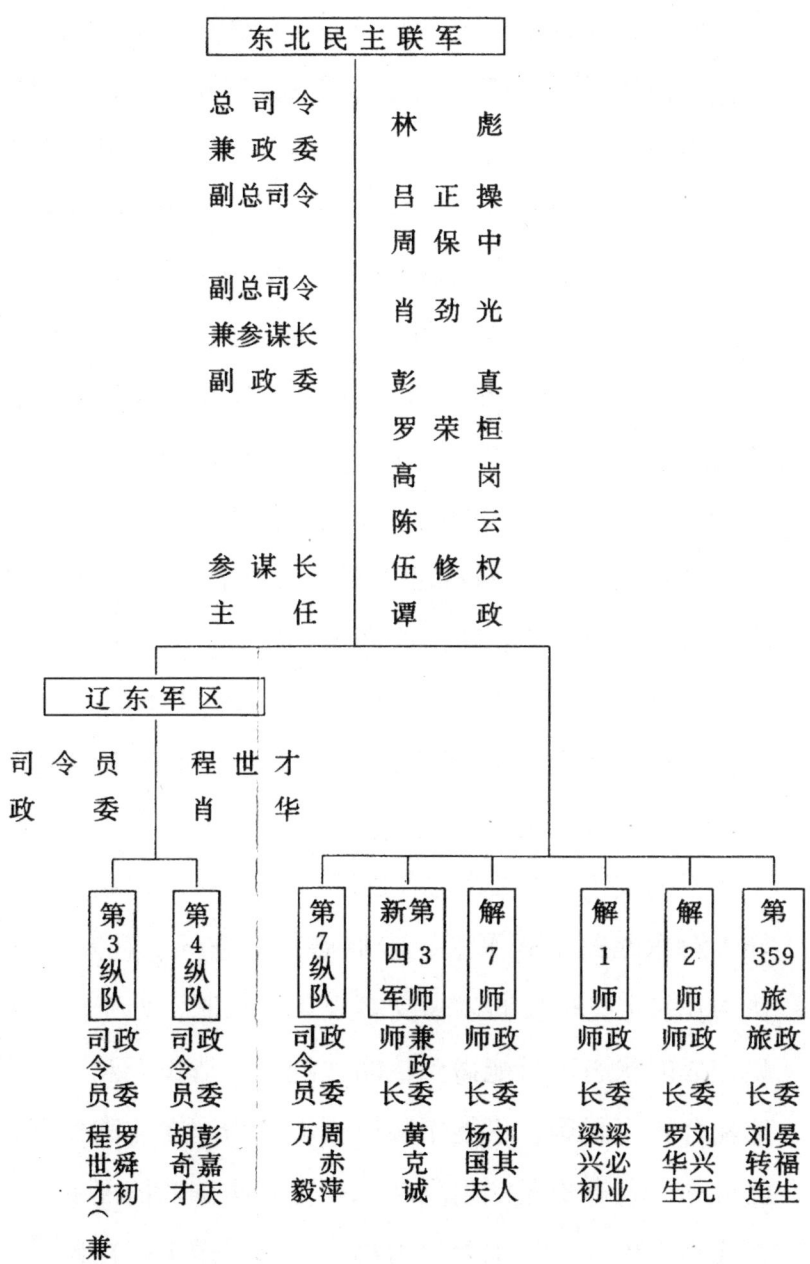

区。此时南满解放区仅剩长白山麓的临江、濛江、抚松、长白4县,南满部队主力第3、第4纵队被压缩在这一狭小地区,处境极为不利。在此情况下,东北局和民主联军总部决定采取坚持南满,巩固北满,南打北拉,北打南拉,南北满密切配合,集中优势兵力,主动打击敌人的方针,并派萧劲光、陈云到南满加强领导。12月18日至1947年4月3日,南满军区部队采取内外线配合部署,粉碎了敌军对临江地区的4次进攻。在此期间,为了配合四保临江作战,林彪亲自指挥北满部队,利用冬季江河封冻的条件,克服严寒带来的重重困难,于1947年1月5日至3月8日,3次向松花江南岸出击。三下江南、四保临江作战,共歼敌4万余人,削弱了东北国民党军的机动力量,迫使其从攻势转入守势。

三下江南、四保临江作战后,林彪和东北局其他领导人对东北民主联军下一步战略行动进行了具体研究。认为:东北我军长期以来受客观条件限制,处于南北分兵作战的状态,只能做到战略上配合,战役上及时有力地配合较为困难,不能予敌以更大打击。在北满根据地已巩固,且有松花江阻隔,无须重兵防御的情况下,应将战略主攻方向与主要兵力移向南满,遂决心在松花江开冻后，以北满主力大举南下，打通南北满的联系，把两个拳头变为一个大拳头，放手打击敌人，以期彻底改变东北战局。这一计划很快得到了中共中央和毛泽东的批准。随即，东北民主联军发起夏季攻势，经过历时50天的攻势作战，东北民主联军共歼敌8万余人，收复城镇40余座，创造了民主联军进一步集中兵力实行机动作战的有利条件。

1947年8月，蒋介石在东北的部队实行"依托重点，向外扩张"的方针，企图确保北宁路，等待关内援军到达，同时积极收编杂牌部队，扩充主力军，使其在东北的总兵力增至50万人。面对这种形势，林彪等依据中共中央在《解放战争第二年的战略方针》中提出的内线部队"继续在内线作战，歼灭内线敌人，收复失地"的指示，决心于雨季休整后发动秋季攻势，继续大量歼敌，扩大解放区。9月14日，东北民主联军首先以两个纵队和1个师在北宁路以西梨树沟门、杨家杖子地区发动攻势，歼灭国民党军两个师大部和第49军主力，并破坏北宁铁路锦州至山海关段，国民党军被迫调驻铁岭的新编第6军增援辽西。东北民主联军则乘机向沈阳以西、以北、以南地区及吉林市外围发动攻势。至11月5日，秋季攻势结束。这次攻势，民主联军经50天

作战，攻克县城15座，歼敌6.9万余人，扩大解放区3.8万平方公里。

民主联军秋季攻势后，东北国民党军陷入了更加被动的局面，一面加紧扩编部队，一面继续收缩兵力，以正规军13个军困守在沈阳、锦州、四平、吉林、长春等大中城市内。敌人集中于大中城市，我军则难于进行运动战，林彪等决心利用河川结冰便于大部队行动之机发动冬季攻势，集中最大兵力攻打敌较大据点，并寻机歼灭援敌。

冬季攻势自1947年12月中旬开始，至次年3月中旬结束，东北民主联军历时3个月作战，先后攻占彰武、新立屯、辽阳、鞍山、法库、四平等地，收复城市17座，歼灭国民党军8个师，并争取1个师起义，共15.6万余人，切断了北宁、中长铁路，将东北国民党军压缩于锦州、沈阳、长春3个孤立地区，为全歼东北国民党军奠定了基础。

1948年1月1日，东北民主联军经中央军委批准改称东北人民解放军，联军总部改为东北军区兼东北野战军领导机关，林彪任司令兼政委，高岗任第一副司令员，罗荣桓担任第一副政委，吕正操、周保中、萧劲光、黄克诚任副司令员，陈云、李富春任副政委，刘亚楼、伍修权任参谋长，谭政任政治部主任。同年8月14日，东北野战军组成单独的领导机关，林彪任司令员，罗荣桓任政委，刘亚楼任参谋长，谭政任政治部主任。

在辽沈战役中

东北野战军冬季攻势结束后,东北战场上敌我力量对比发生了根本变化。中央军委主席毛泽东从全国战局的发展着眼,并根据东北国民党军有可能全部撤至关内的情况,早在1948年2月东北野战军进行冬季攻势期间,就致电林彪指出:"对我军战略利益来说,是以封闭蒋军在东北加以各个歼灭为有利。"要求东北野战军下一步作战应考虑以主力转至北宁路,截断敌军由陆上撤向关内的通路,抓住敌人予以各个歼灭。冬季攻势结束后,中央军委就东北野战军攻势指向问题同林彪进行进一步磋商。4月18日,林彪致电中央军委,认为南下北宁路及入关作战很困难,主张先打长春,吸引沈阳之敌增援而歼灭之。22日,毛泽东复电林彪指出:"我们同意你们先打长春的理由,是先打长春比较先打他处要有利一些,不是因为先打他处特别不利,或有不可

▲ 图为民主联军总司令兼政治委员林彪等在研究作战部署

克服之困难。""因此，你们自己，特别在干部中，只应当说在目前情况下先打长春比较有利，不应当强调南下作战之困难，以免你们自己及干部在精神上处于被动地位。"5月24日，林彪以一部兵力奔袭长春西郊，歼敌5000余人。其间，他发现部队对坚固设防的大城市的攻坚战，在战术、技术上均存在不少问题，遂于5月29日、6月1日、6月5日连续3次致电军委，说明强攻长春的困难。在6月5日的电报中还提出了三个行动方案：一是目前正式强攻长春，并无把握，成功的可能性较小；二是以少数部队围困长春，主力到北宁路作战，但南下作战除可能到处扑空，或因敌集中不好打

外，粮食极为困难，同时长春之敌又可能乘机逃回沈阳，造成两头都无战果的结局；三是用2~4个月的时间，对长春实行久困长围，然后攻城。并认为最后一方案较有把握。6月7日，毛泽东复电同意采取第三方案，同时指出：在这段时间内，"你们必须同时完成下一步在承德、张家口、大同区域作战，或在冀东、锦州区域作战所必需的粮食、弹药、被服、新兵等项补给的道路运输准备工作。"随后，林彪指挥部队对长春实行包围和经济封锁，并拟定了两个月的攻城训练计划，准备8月中旬正式攻打长春。但围城一个多月后，林彪又于7月20日和22日两次致电军委，认为依我军现有条件，攻取长春需要4倍于敌的兵力才有把握，而现时能用于攻长春者，最多只能有7个纵队另5个独立师，即3倍于守军。以这样的兵力攻城，很可能出现像1947年夏季攻势中攻四平城那样，部队突入市区后，既无力全歼守军，又无力打援的僵局，被迫撤出战斗，因而带有很大的勉强性和冒险性。为此，林彪又建议："我军仍以南下作战为好，不宜勉强地和被动地攻长春。"在这两份电报中，林彪还分析了南下作战的各种有利条件，并提出到8月中旬，我军即以最大主力南下作战，首先以第11、第9、第4纵队用奔袭手段包围和歼灭义县、锦

```
                    ┌─────────────────┐
                    │   东北野战军    │
                    ├─────┬───────────┤
                    │司令员│ 林  彪   │
                    │政 委 │ 罗荣桓   │
                    │参谋长│ 刘亚楼   │
                    │主 任 │ 谭  政   │
                    └─────┴───────────┘
```

	第 1 兵团	第 2 兵团
司令员	肖劲光（兼）	程子华
政 委	肖 华	黄克诚

	第1纵队	第2纵队	第3纵队	第4纵队	第5纵队	第6纵队	第7纵队	第8纵队	第9纵队	第10纵队	第11纵队	第12纵队	炮兵纵队	铁道纵队
司令员	李天佑	刘震	韩先楚	吴克华	万毅	黄永胜	邓华	段苏权	詹才芳	梁兴初	贺晋年	钟伟	苏进	（局长）黄逸峰
政 委	梁必业	吴法宪	罗舜初	莫文骅	吴富善	赖传珠	吴富善	邱会作	李中权	周赤萍	陈仁麒	袁升平	邱创成	

西、兴城、绥中、山海关5城之敌，然后迅速向承德前进，即进行夺取承德和打援的战斗。7月22日23时，毛泽东复电批准了林彪以主力南下作战的建议，并指出："在你们准备攻击长春期间，我们即告知你们，不要将南进作战的困难条件说得太多太死，以致在精神上将自己限制起来，失去主动性。现在你们已经将注意力移到向南作战方面，研究南面的敌情、地形、粮食等项情况，看出种种有利的条件，这是很好的和很必要的。"电报要求林彪将南下作战的有利条件和可能遇到的困难向全军指战员首先是干部充分说明，以坚定向南进取的意志和决心，并研究克服各种困难的办法。同时，要求林彪和指挥机关要先期南下。

南下意图确定后，在研究部队向北宁路开进的时间问题时，林彪又产生了许多顾虑。8月6日，他致电中央军委提出要华北军区杨成武部先向绥远行动，调动傅作义部向西，以利于东北野战军在北宁线作战。8日又致电中央军委提出，"东北主力行动时间，须视杨成武部行动的迟早，才能确定。"8月9日，他在致中央军委的电报中又反映：现在南下，大军的粮食需要无法解决，需待郑家屯运粮道路修复，雨势稍减才能出动，目前仍无法肯定出动日期。毛泽东对于林彪提出的上述问题，特别是他提出的东北野战军的行动时间要以杨成武部行动时间的迟早为准的问题极为不满，于8月12日回电严肃批评林彪，并强调指出，应从战争全局利益出发，迅速下决心以主力南下北宁线。在毛泽东的批评督促下，林彪决定8月底9月初北线部队南下，后因道路被大雨冲毁，修复费时，又延至9月12日开始行动。9月30日，林彪率指挥机关离开哈尔滨以南约50公里的双城，车运南下。10月2日，列车经过郑家屯（今吉林省双辽县）时。林彪得悉华北"剿总"所属独立第95师和位于绥中、秦皇岛之间的新5军将增调葫芦岛，认为该敌可能会同葫芦岛、锦西之54军全力增援锦州，担心锦州难以迅速攻克，反被敌人夹击，又犹豫起来，遂于当日22时致电军委，提出或继续攻锦州，或回师打长春两个方案。后经慎重考虑，林彪又迅速克服了自己的动摇犹豫的心态，于3日9时致电军委，表示决心"仍攻锦州"，并据此调整了部署。10月4日6时，毛泽东接到这一电报，当即发电表示"你们决心攻锦州，甚好，甚慰"，"在此以前我们和你们之间的一切不同意见，现在都没有了。希望你们按照你们3日9时电的部署，大胆放手和坚持地实施。"至此，林彪最后定下了攻取锦州的决心。尔后，他一改前一阶段那种优柔寡断、犹豫不决的心态，不仅向军委提出一些有益的建议，而且依军委意图，主动积极地指挥部队取得多次战斗的胜利。

10月上旬，林彪按照中央军委"力争于十天内外攻取锦州"的指示，以5个纵队另1个师附炮兵纵队大部，首先肃清了锦州外围，紧接着组成南、北、东3个集团，以南北对进为主，采取大量土工作业与火力、爆破、突击紧密结合的攻坚手段，夺取锦州城；以两个纵队及两个独立师采取正面以一部坚守阵地，大量杀伤敌人，主力隐蔽集结，适时实施反击以求歼敌一部的战术抗击葫芦岛、锦西来援之敌；以1个纵队另1个师在正面抗击，以两个纵队从侧后钳制敌人的手段，对付沈阳援锦之敌；以12个师围困长春，以1个纵队为攻锦预备队，1个纵队为对付长春之敌及沈阳援锦之敌的总预备队。这是一个既有足够兵力保障攻取锦州，又有富余力量对付东西援敌的完全正确的部署，立即得到了中央军委和毛泽东主席的批准。接着，林彪又两次亲赴前线勘察地形，研究确定了攻击锦州的具体部署。10月9日，锦州外围之战正式发起。10月14日，攻城战斗开始，至15日，全歼守敌10万人。10月19日，毛泽东在给东北野战军首长的电报中指出：锦州之战，

辽沈战役要图
(1948年9月12日—11月2日)

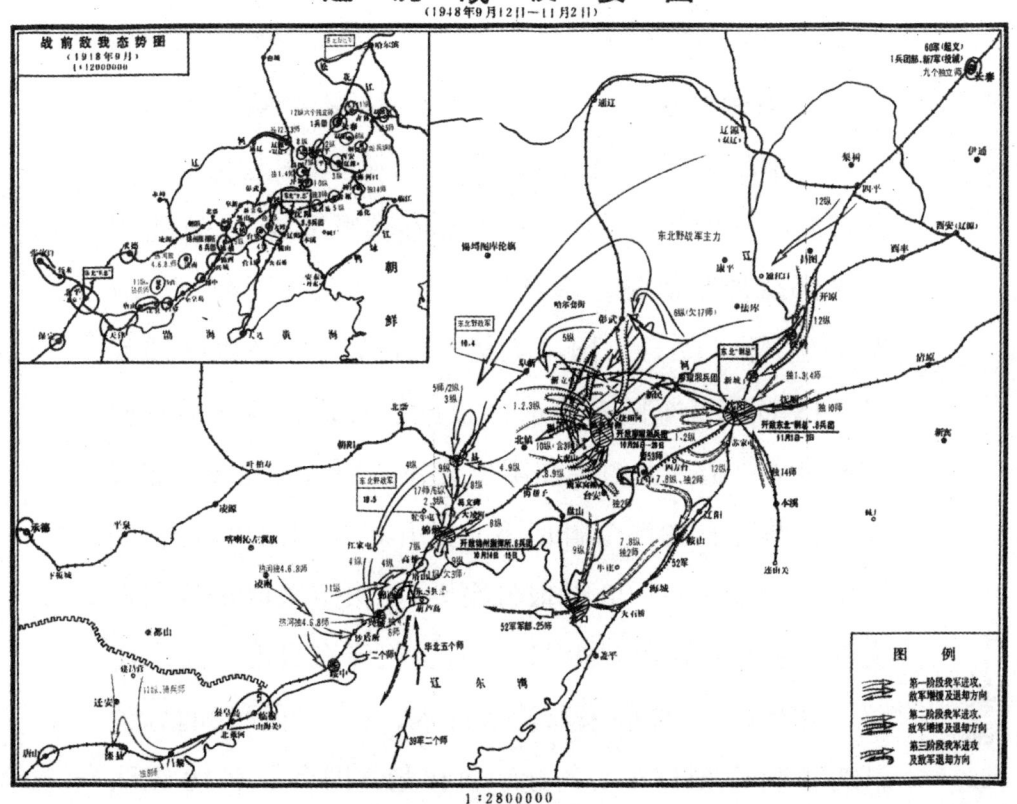

"部队精神好，战斗好，你们指挥得当，极欣慰，望传令嘉奖"。

丢失锦州后，蒋介石于15日、18日两度飞赴沈阳，组织长春敌军南撤和沈阳、葫芦岛敌军东西对进，企图在收复锦州后将东北全部兵力撤向关内。林彪依据军委指示和当时的敌情，一面指示围困长春的第1兵团萧劲光、萧华加紧组织策动国民党军第60军起义，并逼迫郑洞国率新7军投诚，争取长春和平解放；一面组织攻锦部队加紧休整，恢复战斗力，准备歼灭葫芦岛敌军11个师。17日，国民党第60军军长曾泽生率部起义，18日新7军同东野谈判投诚事宜，长春和平解放已成定局。但在此时由沈阳出援并占领彰武的廖耀湘兵团，在蒋介石的严令督促下，又开始向锦州攻击前进。林彪立即于18日20时报告军委，"决定采取诱敌深入方针"求歼廖兵团。19日17时，毛泽东批准了这个建议，并指出，"你们采取诱敌深入，打大歼灭战的方针甚为正确。"根据军委的指示，林彪立即命令第10纵队和第1纵队的1个师坚守黑山、大虎山阵地，坚决阻住廖兵团，命令攻打锦州后仅休整3天的各纵队于20日晚克服一切困难兼程北上，会同原来位于彰武北侧的两个纵队和由长春南下的部队，向彰武、黑山、大虎山地域急进，决心全部歼灭廖兵团。在我军向廖兵团合围的同时，廖兵团主力先攻黑山、大虎山阵地，未果，被迫折向营口方向，企图控制营口，接应沈阳守军南撤，然后由营口经海上逃窜，结果陷入极大混乱中。林彪抓住这一良好战机，指挥各纵队"大胆猛进、猛追、猛击敌人"，一面合围，一面实行穿插分割，使廖兵团无法收缩集结，在混乱中迅速被歼。10月27日辽西围歼战即将结束之际，林彪立即指示辽宁军区迅速在辽河架设浮桥，为主力进一步东移解放沈阳创造条件；同时令第12纵队及长春各独立师立即向沈阳地区转进，包围沈阳敌人。28日，借歼廖兵团胜利之势，林彪又不失时机地部署各纵队向沈阳及其以南至营口之间加速猛进，并于11月2日解放沈阳和营口。至此，辽沈战役胜利结束，共歼国民党军47万余人，并解放东北全境。

会战平津，进军中南

辽沈战役结束后，东北野战军12个步兵纵队、1个炮兵纵队和1个铁道兵纵队共84万人，根据中央军委指示除以第4、第11纵队等部组成先遣兵团于1948年10月底向河北遵化、蓟县地区开进外，主力分别在锦州、营口、沈阳地区，进行战后就地休整1个月左右，尔后入关在1949年上半年攻取平津。

在此期间，据守平、津地区的国民党军傅作义集团，因面临东北、华北解放军的联合打击，进一步调整兵力部署，将主力12个军42个师部署在东起滦县，西至柴沟堡长达500公里的铁路沿线。部队兵力分布，北平以西为傅系，北平以东为蒋系，这个部署反映了蒋傅随时准备南撤西逃的心理。为防止平津地区守军撤逃，中央军委于11月中旬进一步明确提出抑留傅作义集团于华北地区，予以就地歼灭的方针，并决定提前发起平津战役。

11月18日,毛泽东致电林彪,指示东北野战军各纵队以1～2天时间完成出发准备,于21日或22日全军或至少8个纵队取捷径以最快速度行进隐蔽进关,突然包围唐山、塘沽、天津3处敌人,并要求林彪、罗荣桓等先行出发到冀东实施指挥。20日24时,毛泽东再次致电林、罗、刘,指出:"部队行动须十分隐蔽。蒋、傅对我军积极性总是估计不足的,他们尚未料到你们主力会马上入关。因此除部队行动应十分隐蔽外,请东北局及林、罗、谭令新华社及东北各广播电台在今后两星

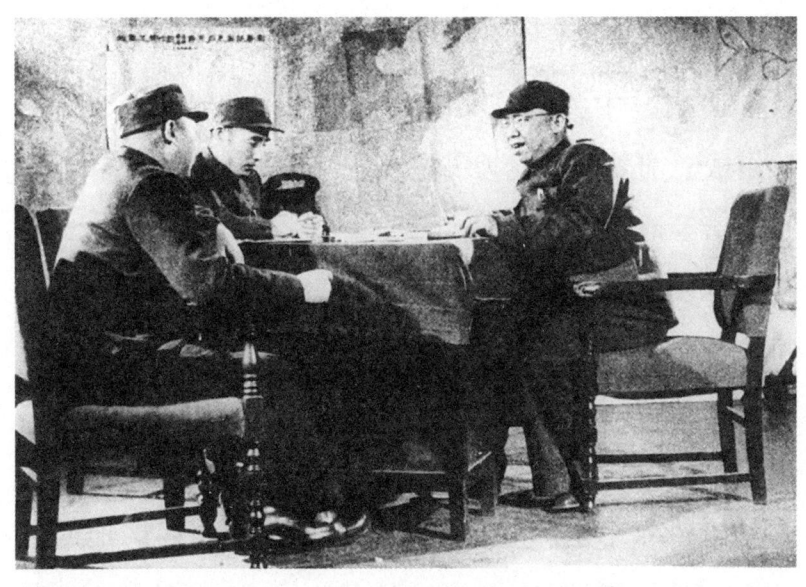

▲ 平津战役总前委林彪(中)、聂荣臻(左)、罗荣桓(右)研究部署战役

期内，多发沈阳、新民、营口、锦州各地我主力部队庆功祝捷练兵的消息，以迷惑敌人。"21日3时，毛泽东又致电林、罗、刘，指示位于锦州、打虎山、营口等地的5个纵队于23日出发，其余在新民、打虎山、营口地区之各部则可于23日或24日出发，并要求"以上各部均走热河境内出冀东，不走山海关"。

11月23日，东北野战军主力分别由休整地出发，夜行晓宿，向关内挺进，并兵分两路经喜峰口、冷口隐蔽进至冀东。27日，中央军委决定，平津战役在林、罗、刘入关之前由军委直接指挥，林、罗、刘进关后，即由3位统一指挥（随后公开称平津前线司令部，林彪为司令员，罗荣桓为政委，刘亚楼为参谋长）。1949年1月10日，中共中央又决定，以林彪、罗荣桓、聂荣臻组成总前委，林彪为书记，统一领导夺取平津和管理平津唐等地的一切工作。

11月30日，林彪、罗荣桓、刘亚楼等率轻便指挥机关由沈阳乘汽车出发，经义县、朝阳，从喜峰口入关，于12月上旬到达冀东前线。11日，中央军委、毛泽东就战役方针和部署致电林、罗、刘，指出："被我刘伯承、邓小平、陈毅、粟裕包围于徐州西南地区之敌34个师，有在10天内外解决之可能。此敌解决，蒋军全局动摇，势必重新部署。有可能以现在上海集中待命之数十艘船只突然北上，作接走平、津、塘、唐诸敌之计划。""现在唯一的或主要的是怕敌人从海上逃跑。"为此，东北野战军主力应加速向平、津地区赶进，首先包围天津、塘沽、芦台、唐山诸点，隔断平、津、塘、唐诸地的联系，务使敌人不能跑掉。为稳住敌人，从本日起两星期内，基本原则是围而不打，以便吸引平津之敌不好下从海上逃走的决心，有些则是隔而不围，以待部署完成之后按"第一塘芦区，第二新保安，第三唐山区，第四天津、张家口两区，最后北平区"的顺序，从容攻歼各敌。遵照军委确定的平津战役作战方针，华北军区第2、3兵团和东北先遣兵团，首先向平绥路东段发动进攻。至20日，包围了张家口、新保安等地，切断了傅作义集团西逃的通路；东北野战军主力会同华北军区1个纵队，在林彪、罗荣桓等指挥下，迅速插向平津和津塘（沽）之间。至20日，先后占领通州、廊坊、杨村、军粮城、咸水沽等地，切断了平津和津塘间的联系，并对北平、天津形成包围。至此，我军已完成对傅作义集团的战略包围和战役分割。12月22日，华北军区第2兵团首先歼灭新保安之敌2个师，继而第3兵团和东北野战军1个纵队歼灭了由张家口突围的傅系部队7个师。1949年1月14日,林彪委托刘亚楼指挥东北野战军5个纵队在炮兵、装甲兵和工程兵部队的配合下,对拒绝投降的天津守军发动总攻,经过29个小时的战斗,全歼其13万人,俘敌天津警备司令陈长捷。塘沽守军惧怕被歼,于1月17日乘船南逃。在此期间,中共中央和军委为了保护文化古城,决定通过谈判和平解放北平。林彪、罗荣桓、聂荣臻等根据中央和军委的指示,积极领导和参与了同傅作义的谈判斗争。1月21日,傅作义同我军正式达成《关于和平解决北平问题的协议》。1月31日,北平和平解放,平津战役胜利结束,此役共歼灭和改编国民党军52万余人。

平津战役结束后,东北野战军改称第四野战军,林彪任司令员和中共第四野战军前委书记,罗荣桓任政委,萧克、赵尔陆分任第一、第二参谋长,谭政任政治部主任。下辖第12、13、14、15兵团,共90万人。

4月,林彪、罗荣桓等根据中共中央和军委赋予第四野战军向中南进军的任务,指挥部队兵分3路南下,开始南征作战。5月,中共中央决定以中共中央中原局为基础组成华中局,以中原军区领导机关与第四野战军领导机关合并,改称中国人民解放军第四野战军兼华中军区,林彪任华中局第一书记、第四野战军兼华中军区

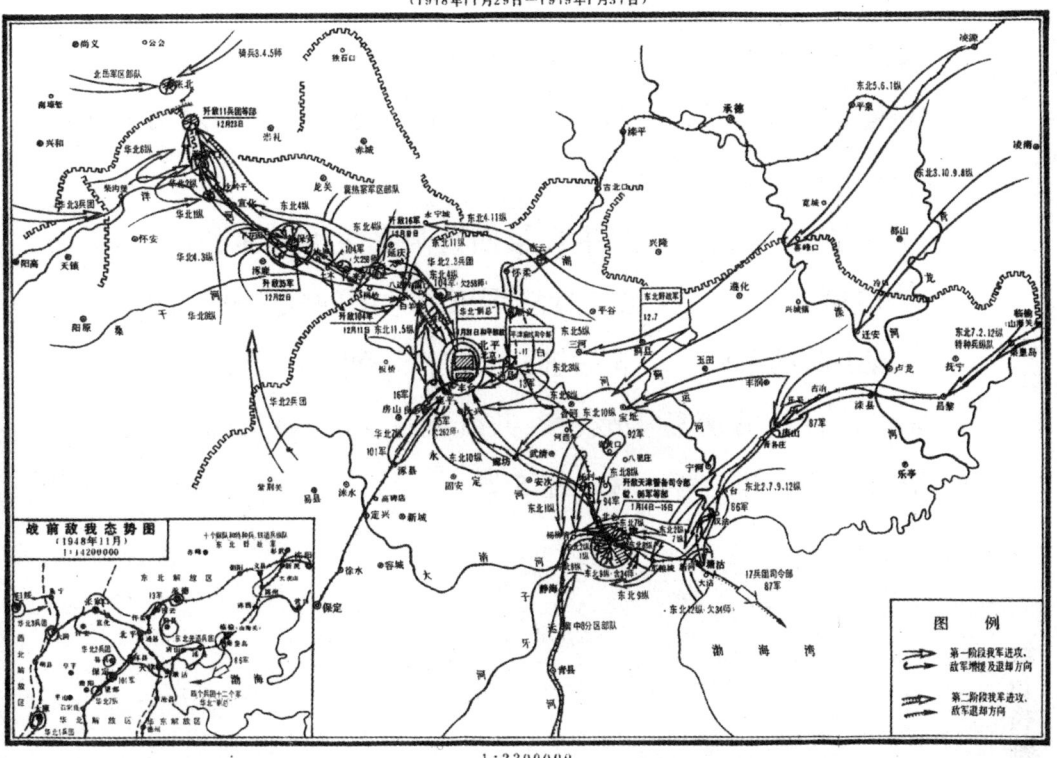

司令员，罗荣桓任华中局第二书记、第四野战军兼华中军区政委，邓子恢任华中局第三书记、第四野战军兼华中军区第二政委，统一领导中南地区的党政军工作（同年12月，中共中央决定将华中局改为中南局，将中国人民解放军第四野战军兼华中军区改为中国人民解放军中南军区兼第四野战军，林彪任军区司令员和中南局第一书记）。

同年7月初，林彪指挥第四野战军主力南渡长江，至1950年5月，在第二野战军第4兵团的配合和华南各游击队的策应下，先后进行了宜沙、湘赣、衡宝、广东、广西、海南岛等战役，共歼国民党军43万余人，解放了湘、鄂、粤、赣、桂5省。

从挂职养病到毛泽东的接班人

　　1949年中华人民共和国成立前后,林彪除担任中南军区兼第四野战军司令员和中共中央中南局第一书记外,还先后被任命了多项领导职务。1949年12月,被中央人民政府任命为中南军政委员会主席。1951年11月,被增补为人民革命军事委员会副主席。1952年,中南军政委员会改为中南行政委员会,林彪继任主席。1954年9月,全国人大一届一次会议任命他为国务院副总理、国防委员会副主席。1955年4月,在中共七届五中全会上补选为中央政治局委员,9月,被授予中华人民共和国元帅军衔和一级八一勋章、一级独立自由勋章、一级解放勋章。

　　在建国后的这一时期里,林彪的职务虽然一直在提升,但基本上没有在岗位上工作,他深居简出,很少抛头露面和参加社会活动,主要是治病休养。1950年

6月，他从中南军区所在地武汉到北京参加七届三中全会后，即举家住在北京，因为当时他的"怕光、怕水、怕风"的疾病越来越重，开始脱离工作进行诊治。同年10月，在他的要求下，中央批准其再次赴苏联就医，1951年回国后仍以休养为主。

从1958年起，林彪出于政治上的需要和身体状况的好转，开始活跃起来。3月，出席中共中央在成都召开的中央有关部门负责人与各省、市、自治区党委第一书记参加的工作会议。回到北京后，他听汇报得知3～5月间召开的训练总监部4级干部会议上，对怎样认识教条主义有争论，他认定训练总监部部部长萧克、副部长李达是搞教条主义的，并"反对反教条主义"，而另一方是反教条主义的，便报告毛泽东，同时建议将即将召开的军委扩大会议主题改为开展反教条主义的斗争。毛泽东同意了林彪的建议，并在莲花池会议上决定要军事学院院长兼政委、原训练总监部部长刘伯承作检查。5月，林彪参加了中共八届五中全会，被增选为中央政治局常委和中共中央副主席。5月27日至7月22日，参加以反对军事训练工作中的"教条主义倾向"为主题的中央军委扩大会议，并在会上讲话。会后，在全军开展了对"教条主义倾向"的批判，伤害了一大批

▲ 1959年，十大元帅中的贺龙、叶剑英、林彪、刘伯承、罗荣桓（从右至左）在一起合影

干部。

1959年7～8月，中共中央在江西庐山举行会议，错误地批判彭德怀，林彪在此起了推波助澜的作用。同年9月17日，中华人民共和国主席发布命令，免去彭德怀兼任的国防部长职务，任命林彪兼任国防部长。26

日，中共中央组成新的中央军委，林彪被任命为军委常委、副主席，主持军委日常工作。

　　林彪主持军委工作后，出于个人野心，他伪装高举"毛泽东思想伟大红旗"，提出并推行了一整套"左"的东西，打击、排挤同他有不同意见的革命老干部。1959年9月，他在军委扩大会议上提出，马克思、列宁的著作很多，"不一定要读他们的原著"，毛泽东著作是最高级的，学习毛著是学习马列主义的"捷径"，可以"一本万利"。1960年2月，在广州召开的军委扩大会议上他又提出学习毛著要背警句，说："我们不要背那么多，要挑选最好的背，背上那么几十句，就差不多了。"同时，在这次会议上他把毛泽东为抗大的题词"坚定正确的政治方向，艰苦朴素的工作作风，灵活机动的战略战术"和"团结、紧张、严肃、活泼"称为"三八作风"。总政治部主任谭政不同意林彪这些说法和作法，没有在3月间召开的全军政治工作会议上传达和贯彻。林彪对此十分不满，提出再次召开军委扩大会议，着重讨论政治思想工作，蓄意打击谭政等人。9月12日，在军委扩大会议前夕，他主持军委常务会议，提出"四个第一"（即"人的因素第一，政治工作第一，思想工作第一，活的思想第一"），并据此反诬谭政等人"工作方向偏"。9月14日至10月24日，以讨论军队政治思想工作为中心议题的中央军委扩大会议在北京召开，林彪在会上讲话，进一步提出"现在的马列主义就是我们毛主席的思想，它今天在世界上站在最高峰，站在时代的思想顶峰"。会议以他的提法为主旨，作出了《加强军队政治思想工作的决议》。决议把反"右倾"作为政治工作的主要任务，并把政治工作强调到了不适当的地位。同时，会议还作出了《关于谭政同志错误的决议》，无端批评指责谭政。随后，林彪又在总政治部捏造了所谓"谭政反党宗派集团"的罪名，撤销谭政的总政治部主任职务。军委扩大会议后，林彪到部队视察，提出了实用主义的"带着问题学习毛主席著作"的方针。1961年1月，又进一步提出了"带着问题学，活学活用，学用结合，急用先学，立竿见影"的方针。

1964年11月，林彪抓住当年全军大练兵和大比武中的某些缺点大做文章，说这是搞军事第一，技术第一，是推行"资产阶级军事路线"，"冲击了政治，冲击了学习毛主席著作"。随后，他又说军队工作要"突出政治"，"军事训练、生产等需要占一定的时间，但不应冲击政治，相反，政治可以冲击其他"。林彪的这些主张，遭到总参谋长罗瑞卿等人的抵制。1965年冬，林彪向毛泽东诬告罗"反党、反毛主席",并提出了所谓突出政治的"五项原则",将全军群众性的大比武运动压了下去。随后,林彪等人又诬陷罗瑞卿"篡军反党",解除罗瑞卿的职务。1966年初,林彪责令全军政治工作会议开展对罗瑞卿所谓资产阶级军事路线的批判,并讨论如何贯彻执行"突出政治"的五项原则。此后,"突出政治"、"政治可以冲击一切"的观点进一步流毒全军,部队中政治与军事统一、政治与业务统一的正常关系,变成了冲击与被冲击、压倒与被压倒的关系,致使全军的各项工作受到严重干扰破坏。

1966年2月,林彪委托江青在上海召开部队文艺工作座谈会。根据这个会议内容整理的座谈会纪要,全盘否定建国后党领导革命文艺工作的巨大成绩,诬蔑文艺界"被一条与毛主席思想相对立的反党反社会主义的黑线专了我们的政",号召要"坚决进行一场文化战线上的社会主义大革命,彻底搞掉这条黑线"。4月10日,中央将《林彪同志委托江青同志召开的部队文艺工作座谈会纪要》批发全党。此后,"黑线专政"论从文艺界流毒到教育、出版、体育、卫生、公安等部门,林彪和江青把《纪要》作为他们大搞法西斯专政、打击迫害革命同志的合法理论根据,任意诬蔑、迫害革命同志,制造了大量的冤案、错案、假案。

同年5月，中共中央政治局扩大会议召开，以反党集团的罪名对彭真、罗瑞卿、陆定一、杨尚昆进行错误批判，并通过了关于发动"无产阶级文化大革命"的《五·一六通知》。18日，林彪在会上讲话，列举古今中外的政变事例，结合攻击彭、罗、陆、杨，大肆散布党中央内部有人要搞政变的谎言，并竭力鼓吹个人崇拜，宣称"毛主席的话，句句是真理，一句超过我们一万句"，"谁反对他，全党共诛之，全国共讨之"。7月，林彪伙同康生制造所谓"二月兵变"的谎言，陷害贺龙和彭真。8月，林彪参加党的八届十一中全会，并在会上讲话宣称：为了把文化大革命进行到底，"不要走过场，干脆大闹几个月，弄得人们睡不着觉，这一次一定要大闹，这是破旧立新的重大的战略措施"。还说："我们对干部，要来个全面考察，全面排队，要罢一批人，升一批人，保一批人。"10月初，中央军委、总政治部根据林彪的意见，发出《关于军队院校无产阶级文化大革命的紧急指示》，要求军队院校的文化大革命，必须把那些束缚群众运动的框框统统取消，和地方群众一样充分发扬民主，要大鸣、大放、大字报、大辩论。从此全军院校和全国一样掀起了"踢开党委闹革命"的浪

▲ 林彪称病休养，连第一次国防会议都没有出席。十大元帅就缺林彪一人

潮，各级党委受到严重冲击，而陷于瘫痪，许多领导干部无端被揪斗，遭到残酷迫害。对于这些，林彪仍觉得不够，在1966年下半年他先后8次陪同毛泽东接见红卫兵，一再鼓动群众进一步造反，赞扬红卫兵的"革命"行动取得了光辉的成果。

1967年，以上海国棉17厂王洪文等为头目的一批造反派在张春桥、姚文元策划下，于1月初夺取上海市委、市人委的领导权为起点，掀起了从中央各部门到地方各级党政部门以至各行各业的夺权风暴，并由此引发了"打倒一切"全面内乱的无政府主义狂潮，全国陷于空前的混乱。在此期间，林彪伙同江青等人推波助澜，进一步煽风点火,鼓动全面内战,竟说什么"文化大革命的损失可以说是最小最小,取得的成绩是最大最大最大"。进一步号召造反派"要采取主动进攻,刮它十级、十一级、十二级台风",要全面夺权,"建立新的国家机器"。

1968年10月,中共中央召开八届十二中全会。会议错误地作出了撤销中华人民共和国主席刘少奇党内外一切职务、永远开除出党的决定。会上,林彪伙同江青等人趁机组织对陈毅、叶剑英、李富春、李先念、徐向前、聂荣臻等领导人的围攻和对朱德、陈云、邓子恢等人的批判。会上他们还鼓噪要开除邓小平的党籍,由于毛泽东的反对,未能得逞。

1969年4月,中共第九次全国代表大会在北京召开,林彪代表中共中央在会上作政治报告,并在九届一中全会上当选为中央政治局常委、中央委员会唯一的副主席和中央军委副主席。"九大"通过的党章还一反党的历史上的一贯作法,把林彪"是毛泽东同志的亲密战友和接班人"写入总纲。至此,林彪的地位进一步得到加强,成为中共中央的第二号领导人。

抢班夺权

1970年8月下旬，党的九届二中全会在庐山召开。林彪认为夺权时机已经成熟，就亲自出马，带领他的死党，向全会发动了突然袭击。他们不顾毛主席早就多次提出，并得到党中央同意的关于修改宪法、不设国家主席和毛主席本人不再担任国家主席的建议和要求，利用他们的地位，抛开会议原定的议程，抢先发难。8月23日全会开幕，林彪第一个抢着在会上讲话，别有用心地坚持要设国家主席。8月24日，在林彪指挥下，陈伯达、吴法宪、叶群、李作鹏、邱会作等按照统一的口径，同时在几个小组会议上发起"攻势"。当时的情况，就像毛主席形容的那样，"大有炸平庐山，停止地球转动之势"。

林彪一伙在庐山会议上发动的这场"攻势"，其目的就是要为林彪抢夺国家主席的职位。林彪的这一阴谋,在庐山会议前的1970年叶群和吴法宪密谈中就讲得明明白白:"如果不设国家主席,林彪怎么办,往哪里摆?"

但是,他们的如意算盘打错了,党中央很快察觉了他们的阴谋。8月25日,毛主席为此召开中央政治局扩大会议,批评了陈伯达在全会上散布的一些谬论,并找林彪谈话。周恩来连续找吴法宪、李作鹏、邱会作,责令他们向党中央作出检查。会议前一段留守北京的黄永胜刚上山不久,见势不妙,赶忙销毁了他早已按林彪的旨意准备好上庐山"开炮"的讲话稿。

林彪一伙在庐山发动的这场反革命抢班夺权丑剧,只有两天半的寿命,就此告终。

9月6日,九届二中全会结束,党中央宣布对陈伯达进行审查。脸色苍白的林彪,在山间别墅里成天耷拉着光秃的脑袋。疯狂一时的叶群哭丧着脸,一筹莫展。林立果气急败坏地骂着:"翻车了,倒大霉了,都是他妈的主任(指叶群)搞的,她想抢头功,尽是瞎指挥!"

但是,林彪并不甘心于自己的失败。他在山上就对吴法宪说:"搞文的不行,搞武的行。"

9月7日,林彪带着叶群离开庐山。黄、吴、李、

邱一起下山到九江机场为林彪送行。这伙人由叶群导演，把林彪拥坐中间，在飞机上合影，既是留念，又是言志。林立果亲自开着汽车，在去庐山仙人洞的路上对7341部队政委王维国和7350部队政委陈励耘说："看来这个斗争还长。""我们要抓军队，准备干！"

1971年2月，林彪带着叶群、林立果来到苏州的一所别墅，开始秘密策划血腥的反革命武装叛乱。

林立果1967年3月到空军时还不是党员，却由吴法宪安插在空军司令部党委办公室任秘书。4个月后，吴法宪自己做介绍人把林立果发展入党。第3年，即1969年，25岁的林立果就被吴法宪封为空军司令部办公室副主任兼作战部副部长。吴法宪还宣布把空军的一切指挥大权都交给林立果。空军广大指战员当时敢怒不敢言，但背地却流传一首打油诗以表示心中的愤怒。打油诗说："一年兵、二年党、三年副部长、四年太上皇。"林立果摔死在温都尔汗后，又加了一句："五年见阎王。"林立果青云直上，凭借他的地位与权势，很快便在空军里纠集周宇驰、王飞、刘沛丰等一伙死党组成一支为林彪效劳的别动队，美其名曰"调研小组"。后来，他们观看了日本影片《山本五十六》、《啊，海军》，林立果欣喜若狂地说："我们也是联合舰队，我们也要有江田岛精神。"所谓"联合舰队"就由此得名。

1971年3月21日，上海巨鹿路一幢楼房的密室里，烟雾腾腾。林立果奉林彪之命，在这里同"联合舰队"的主要成员周宇驰（空军司令部办公室副主任）、于新野（空军司令部副处长）和李伟信（7341部队政治部副处长），密谋制订反革命政变的具体计划。

当时林立果分析形势说："现在首长（林彪）接班主要有两种可能：一是和平过渡的接班，但等五六年还接不了班，即使五六年，其中变化就很大，很难说首长的地位还一定能保得住；二是提前接班，办法是搞掉B—52（诬蔑毛主席的代称），实行武装起义。"林立果要他们按"提前接班"的办法办，并向他们说："根据目前形势，首长叫先搞个计划。"他还对于新野说："这件事我和首长已谈过，就由你先写。"

经过一阵密谋，他们又讨论武装政变计划的名称问题。林立果说："我看就叫'571'，'571'是武装起义的谐音。"

两天后，林彪反革命武装政变纲领便制订出来了，它的代号是《"571工程"纪要》。《纪要》分析了形势，规定了实施要点、口号和策略，认为"B—52……对我们不放心"，提出"军事行动上要先发制人"，"夺取

全国政权"或制造"割据局面"。《纪要》强调"不管准备好和没准备好，也要破釜沉舟"，把毛主席杀害。确定的谋杀手段是"属于自投罗网式——利用上层集会一网打尽；先斩爪牙，既成事实，迫 B－52 就范"；"逼宫形式——利用特种手段如轰炸、543（一种武器的代号）、车祸、暗杀、绑架、城市游击小分队"。《纪要》阴谋"借苏联力量（钳制）国内外各种力量"。《纪要》还要求发扬法西斯武士道的"江田岛精神"，像蒋介石的反革命训词那样，"不成功便成仁"。

1971年3月31日，林立果根据《"571工程"纪要》，建立"指挥班子"，在上海召集原南京部队空军政委江腾蛟、7341部队政委王维国、7350部队政委陈励耘和南京部队空军副司令员周建平秘密开会。江腾蛟几年前因为反军乱军被解除职务，现在林彪却给了他以特殊的恩宠。在林立果召开这次密会前夕，他以去上海治病为名，戴上大口罩，乘坐吴法宪给他派的一架专机离京。一到上海机场，就被秘密送进了上海新华路的一幢楼房里。

这次会整整开了一夜。林立果在会上说："现在是争夺领导权的斗争。"这次会议确定了武装政变的指挥班子：上海以王维国为"头"，杭州以陈励耘为"头"，南京以周建平为"头",江腾蛟被封为第一线指挥,"进行三点联系,配合协同作战"。

反革命武装政变的指挥班子宣告成立,这伙人就走进餐厅,碰杯祝酒。林立果得意忘形地说:"我们这次会议也可以说是'三国四方'会议。"江腾蛟说:"我们都是属羊的,头上长角的……"话音未落,发出一阵歇斯底里的狂笑。

此后,林彪一伙为准备反革命政变而进行的各种阴谋活动步步加紧:

在上海,林立果指使王维国秘密组织名为"教导队",实际上是为反革命武装政变服务的"敢死队",他们整天在新华一村进行捕俘、格斗和使用各种轻重武器、驾驶车辆等特种训练。

在广州,林立果指使广州民航局政委米家农组织"战斗小分队",多次要队员向林彪、林立果宣誓效忠;并且制定了联络暗号、密语和誓词、队歌。

林彪指使林立果、周宇驰等在北京、上海、广州、北戴河设立了十多处秘密据点,收集情报,训练骨干,策划各种阴谋活动。在北京、上海、杭州、广州等地组织了情报网,使用搞窃听、暗中监视等特务手段,搜集情报,掌握动向。

为了建立秘密通信网，林彪一伙盗窃了大量通信装备器材，私调了几十对专线。

　　在北戴河，他们秘密修建了一个直升机机场，还私调和仿造水陆两用汽车在北戴河海面进行驾驶训练。

林彪"手令"

从1971年3月到9月初,林彪一伙派出林立果、周宇驰、江腾蛟、刘锦平(原民航总局政委)、王维国、陈励耘等十多名死党,先后分别窜到北京、上海、杭州、广州、武汉、成都等地,进行反革命游说和阴谋活动。

林彪一伙在极为秘密的情况下已经完成了他们的反革命部署。乌云滚滚,一场反革命武装叛乱就要开始了。

1971年8月14日,毛泽东主席乘坐的专车从北京开出,跨过黄河、长江,向祖国南方驶去。

8月16日,毛主席到达武汉,停留了10天。他在这里先后同湖北、河南等地的党政军负责人进行了5次谈话。据当时在毛主席身边的同志介绍,毛主席着重谈了1970年8月庐山会议上的斗争,指名批评了林彪

▲ 林彪反党集团的"四大金刚"中的三个"金刚"1971年8月在庐山合影，左起：李作鹏、吴法宪、邱会作

和黄永胜、吴法宪、叶群、李作鹏、邱会作等在庐山搞突然袭击。毛主席说，他们"是有计划、有组织、有纲领的"，他们"心里有鬼"，"有人急于想当国家主席，急于夺权"。

毛主席还说，"虽然在北京开了工作会议，几个大将作了检讨，但吞吞吐吐"，"林彪不开口，这些人是不会开口的"，"庐山这件事还没有完，还没有解决"，"陈伯达后面还有人"，"我就不相信你黄永胜能够指挥解放军造反！"毛主席还特别交代，他的谈话内容，大家都先不要传达。

8月27日至9月2日，毛主席在长沙和南昌分别同湖南、广东、广西、江西、江苏、福建等地党政军负责人进行了多次谈话。在长沙的时候，毛主席当着大家的面，直截了当地问广州部队司令员丁盛、政委刘兴元："你们同黄永胜关系这么密切，来往这么多，黄永胜倒了，你们得了？！"丁、刘二人支支吾吾，顾左右而言他。

9月3日，毛主席从南昌到了杭州。一些曾经多次接待过他的工作人员，纷纷前来看望，向他谈了一些情况。据毛主席身边工作人员说，毛主席在杭州同当地的负责人谈话的情况，同其他地方的情况迥然不同。他特别讨嫌那个鬼鬼祟祟的陈励耘。毛主席面对面地查问了陈励耘的经历，并问："你同吴法宪的关系如何？吴法宪在庐山找了几个人，有你陈励耘，有上海的王维国，还有海军的什么人。你们都干了些什么？"陈励耘狼狈不堪，答非所问。

杭州的景色依然那般秀丽动人，可毛主席却在这里闯进了"虎穴"！林彪的死党、"三国四方会议"上确定镇守一方的陈励耘，掌握着杭州的警备大权，直接指挥着"警卫"毛主席住所的工作。

这时，林彪一伙正在千方百计刺探毛主席的南巡路线，窃取他在各地的谈话内容，以便为他们发动反革命武装政变选择时机。

1971年9月5日深夜，一条电话线在传递着两个死党的通话。北京的于新野正在向广州的顾同舟（广州部队空军参谋长）探听毛主席在长沙的谈话内容，并随即密报叶群、林立果。顾同舟还把毛主席的谈话整理成一份记录稿，让他的老婆以去北京治病为名，乘飞机到北京，交给"联合舰队"。

9月6日凌晨6时许，武汉东湖宾馆一间豪华的套间里，有两个人在窃窃私语。那是从北京专程陪外宾来武汉的李作鹏，正在听武汉部队政委刘丰密报毛主席在武汉的谈话内容。李作鹏听完后，急得团团转。当天他一返回北京，就把刘丰密报的内容告知黄永胜、邱会作。黄永胜拿起保密电话机，又将这一情况立即传给了在北戴河的叶群。

林彪、叶群接到黄永胜和顾同舟的密报后，心慌意乱，深夜策划，下决心乘毛主席还在各地巡视的机会，对毛主席下毒手。这时是1971年9月6日，毛主席正在杭州。

接下来的6天是惊心动魄的6天，一天比一天紧张。

9月7日，林彪指挥林立果向"联合舰队"下达了"一级战备"的命令。叶群在北戴河用保密电话机与黄永胜通话，随后，黄又同李作鹏通了话。

9月8日，林彪用红铅笔在一张16开的白纸上写下了他的反革命武装政变手令："盼照立果、宇驰同志传达的命令办。"与此同时，叶群也密封了一亲启件给黄永胜。

当晚9时，林立果带着林彪手令和叶群给黄永胜的密件，乘坐256号三叉戟专机，星夜飞回北京，并让王飞将密件亲自送给黄永胜。11时30分，林立果、周宇驰来到北京西郊机场他们的秘密据点，同江腾蛟、李伟信一伙死党，策划实施反革命武装政变，谋害毛主席。林立果在向这些同伙传达林彪手令的时候说："现在的情况很紧急，我们已决定在上海动手。""我们研究了三条办法，一是用火焰喷射器、四〇火箭筒打B—52的火车；二是用100毫米口径的改装高炮，平射火车；三是让王维国乘B—52接见时，带上手枪，在车上动手。"

接着，林立果向江腾蛟命令道："你到上海统一指挥，只有你才能胜任。等上海打响后，北京由王飞率领空直警卫营攻打钓鱼台。"

周宇驰插言道："要去就快去。为了保密，坐火车去，到苏州下车，上海来车接你，你的代号是'歼七'。"

江腾蛟当场表示："坚决干！"

林立果又说："这次要论功行赏。首长（指林彪）讲过，谁能完成这个任务，谁就是开国元勋。"

"你如能完成任务，副总理、政治局委员由你挑选。"周宇驰随声附和着。

"你看我们的三条办法行不行？有没有把握？"林立果问江腾蛟。

"如果都用上了，可能有六七分把握。"江腾蛟回答。

周宇驰拍了一下沙发的扶手："有七分把握就可以干。打仗就是七分把握三分冒险。"

9月8日这一天，黄永胜、吴法宪多次同叶群通过电话密切联系。

9月9日凌晨，林立果从北京西郊机场的秘密据点来到空军学院，向"联合舰队"成员空军司令部办公室处长刘沛丰、副主任刘世英、秘书程洪珍等说："现在有人反对林副主席！我们要誓死捍卫！你们要全力以赴，一个人顶几个人、十几个人用！"接着他拿出林彪的手令给他们传阅，并说：这次总的任务代号叫"571工程"，即"武装起义"！

这天下午，林立果等一伙在西郊机场继续进行反革命政变阴谋活动，江腾蛟在会上提出，如果毛主席的火车停在上海虹桥机场，就炸附近的小油库，趁救火的乱劲"上去干掉"，"搞得好，汽油流到火车附近，连车带人都报销了"。

"从杭州到上海之间有没有铁路桥？如果有，炸铁路的办法最好。"周宇驰问江腾蛟。

"桥有好几座,但都有陆军看守。"江腾蛟回答着。

接着,他又献策:"要炸铁路,硕放那一段比较合适。这个地方靠近我们的机场,铁路边又无其他部队。"

"现在来研究京、沪之间的联络问题吧。"周宇驰说。

江腾蛟提出:"如果B—52到了上海,向北京通报时就说王维国因病住院了,如他离开了上海,就说王维国出院了。"

9月9日这一天,在北戴河的林彪、叶群同在北京的黄永胜、吴法宪、李作鹏、邱会作,通过保密电话进行了频繁的直接的和间接的"高级接触"。半夜,当叶群与邱会作的老婆通话时,还发生了黄永胜、吴法宪同时争着要与叶群通话的事,大大为难了电话总机的值班员。黄永胜拿起电话同叶群一谈就是90分钟,吴法宪等得不耐烦,几次催促。吴法宪同叶群通完话后,即向死党胡萍(空军司令部副参谋长)下命令:"叶主任(指叶群)来电话说,他们准备动,要用飞机,你把他们要用的飞机准备一下,要用的三叉戟飞机一定要好好检查,大飞机也都做些准备,随时可以用。"

9月10日,林彪、叶群指使周宇驰等人从空军司令部索取了东北、华北、西北地区雷达兵部署图,可作导

航用的我国周围国家电台频率表，北京至乌兰巴托、伊尔库茨克航线和机场位置、呼号、频率表，广州、福州地区机场资料，为他们以后叛逃国外作准备。

同一天，林彪还给黄永胜写了一封亲笔信，派刘沛丰从北戴河带回北京，由林立果、周宇驰交给王飞，要王飞伺机送给黄永胜。那封信上写道："永胜同志：很惦念你，望你们任何时候都要乐观，保护身体，有事时可与王飞同志面洽。"所谓"有事时"，亦即他们搞武装政变发难之时，或危急之际也。

9月10日这天，叶群、黄永胜之间继续通过保密电话密谈，共达5次之多，其中通话最长的一次竟达135分钟。

从9月6日到10日，这短短的5天里，林彪、叶群指挥林立果一伙在"联合舰队"的魔窟里，就是这样密谋策划着一场罪恶的武装政变。

政变阴谋彻底破产

这5天里,毛主席仍在杭州的住所。9月8日午夜,大家刚吃完夜餐,毛主席突然叫过身边的同志,要他立即把停在杭州笕桥机场附近的专车趁夜转移。9月10日下午3时许,毛主席又突然说:"现在把车调回来,我们马上就走!"并且交代,不要陈励耘等送行。这一切是那么突如其来,使得陈励耘像丈二和尚摸不着头脑。

3个多小时后,毛主席的专列驶进上海,在虹桥机场附近的吴家花园停下。这时在北京的林立果的"联合舰队"收到了从上海发来的密语情报:"王维国因病住院了。"

"摊牌"的时刻快要到了。林立果一伙按照"常规"推算,估计毛主席总得在上海停几天。但是,他的估计大错特错了。

9月10日晚,毛主席到上海后,没有下车,就住在专列上。他要身边的同志往南京打电话,通知南京军区司令员许世友立即来上海。

11日上午,许世友一下飞机,有人就领着他乘汽车直驶毛主席的专列。

由林彪一伙安排在上海动手杀害毛主席的王维国,这时没有被允许上车。他长叹一声,一下子瘫倒在停车场休息室的沙发上。

中午,毛主席叫许世友和其他被找来谈话的人一起下车吃饭,王维国也被一同拉走了。

11日下午,毛主席命令专车立即北上。列车在江南原野上奔驰。就在这个时候,北京西郊机场的小平房里,林立果一伙正进一步密谋策划杀害毛主席的具体措施。林立果说:"首长"的决心已定,先搞"南线"(指在上海地区谋害毛主席),接着搞北京。他问关光烈(驻河南某部政委),火箭筒和火焰喷射器的性能如何。江腾蛟插嘴说:"这个东西打火车好啊。"

林立果以命令的口气对关光烈说:"把你们师的火焰喷射连调到上海去,听他(指江腾蛟)的指挥。"

"我是没有问题的。不过,把喷火连运到上海,要解决交通工具问题。"关光烈回答。

"用飞机送，就说到上海去执行一项特殊任务。"林立果说。"如果在上海搞不成，就在（苏州附近的）硕放炸火车"。江腾蛟还提出，这个"任务"交给空军××师，由鲁珉（空军司令部作战部部长）去执行。

当晚8时，林立果、江腾蛟、周宇驰、鲁珉继续在西郊机场策划。"副统帅下了命令，要主动进攻，先把B—52搞掉。江政委（指江腾蛟）你这个'歼7'在上海打头阵，争取在上海搞掉，不成就看鲁部长（指鲁珉）在硕放的第二次攻击了。有的是炸药，在铁路上一放，就是第二个皇姑屯事件。再不成，就让陈励耘派伊尔—10轰炸。"林立果杀气腾腾地说着。

江腾蛟在一旁打气说："我是歼7，老鲁是歼8。"

周宇驰补充说："硕放桥如有人检查和保卫桥梁，就把他们的人先干掉，把衣服脱下来，换上我们的人。"

话音未落，王维国从上海打来电话，密报"毛主席今天在上海停了一天，现在已经过了上海。"

……

这时已是9月11日晚上10点多钟。毛主席的专车早已驶过苏州车站，安然地跨过硕放铁桥。

"主席，前面是蚌埠，停不停？"毛主席身边的同志问。

"不停。"

"济南快到了，停不停？"

"不停。"

"快到天津了，停不停？"

"不停。"

专列风驰电掣昼夜兼程，一路不停，直驶北京。快到丰台了，毛主席突然下令在丰台停车，并把北京部队和北京市的负责人找来，在车上谈了两个多小时。专列最后驶进北京站时，已是9月12日的黄昏。

毛主席突然回到北京的消息，像一声炸雷，把林彪一伙从武装政变的迷梦中震醒过来。连续6个昼夜苦心策划的阴谋顿时化为泡影。这帮家伙急得像热锅上的蚂蚁，惶惶不可终日。林立果号啕大哭："首长交给我的任务没有完成，我拿什么去见首长呀……"

在北戴河莲花石96号别墅里，林彪脸色铁青，两眼发直，坐在沙发上不吭一声；叶群如丧考妣的哭声传入窗外服务人员的耳际。

谋害毛主席的阴谋彻底破产了，大势已去，三十六计走为上计，林彪、叶群决定带着黄、吴、李、邱"四大金刚"南逃广州，另立中央，以图"东山再起"。

9月12日上午，林立果在北京同北戴河通了电话，接受了林彪安排的南逃新任务。下午,他就把周宇驰、于新野、江腾蛟、王飞、李伟信等召集到空军学院的秘密据点,具体策划南逃方案。此时,林立果急于要乘256号三叉戟专机去北戴河同林彪、叶群会面。他一面收拾东西,一面对同伙说:"情况紧张,我立即转移。由周宇驰同你们谈谈。"室内空气顿时凝固起来了。

周宇驰压低嗓门向同伙们传达了林彪的南逃计划。"情况紧张,(毛主席)要动手了。林副主席决定立即转移广州,要军委办事组的黄(永胜)、吴(法宪)、李(作鹏)、邱(会作)明天到广州谈话……"

"到那里以后,首长召开师以上干部紧急会议,宣布另立中央,进行割据,形成南北朝的形势。提出条件,和北京谈判。"

"和苏联等国建立外交关系。要动武,就联合苏联,实行南北夹击……"

会议结束后,这伙亡命之徒立即按照这一方案分头行动:

王飞回到空军大院的一间密室,同党羽具体拟定跟随林彪、叶群和黄、吴、李、邱南逃的人员名单,并确定组成几个小组保护黄、吴、李、邱安全登机南逃。密谋还在进行,他们就从仓库取来30支59式手枪和

2000发子弹，还有两支冲锋枪、200发冲锋枪子弹。

周宇驰同胡萍安排了南逃广州的8架飞机，并在下午派256号三叉戟专机送林立果回山海关机场，把这架飞机留在那里供林彪、叶群、林立果使用。

晚上，周宇驰又召集死党们，宣布："明天（9月13日）上午8时，首长从北戴河起飞，直飞广州沙堤机场。黄、吴、李、邱明天早上7点到8点起飞，直飞广州，江腾蛟负责警卫，保证他们安全到达。"

一小撮准备跟随林彪南逃的死党，手忙脚乱地捆装着他们窃取的党和国家的大量机密文件以及胶卷、录音带和外币。

林立果带着刘沛丰登上256号三叉戟专机去北戴河。当晚8时许，飞机在山海关机场降落。林立果等不及北戴河派车来接，便自己开着机场的一辆吉普车，直奔北戴河林彪住地。

莲花石96号别墅，表面上似乎一切依旧，大厅里还在放映电影。但是在紧闭的房间里，气氛却很紧张：那是林彪和叶群在低声密谈，后来又加进了林立果；那是叶群在收拾文件，整理卡片，刘沛丰坐在一旁，两眼通红。

晚上10时许，驻北戴河的警卫部队得悉，林彪、叶群、林立果要坐飞机叛逃，时间在明天（13日）早上6点，目的地是广州……可能要叛国，黄、吴、李、邱同他们是一伙，预定明天早上从北京同时起飞。

警卫部队立即报告北京。

周总理接到密报

北京人民大会堂的福建厅，灯火通明。

周恩来总理主持的一个小型会议，正在讨论将要在四届人大会议上作的《政府工作报告》的草稿。

晚上10点半左右，进来一位秘书，走到总理身旁，弯下身来，轻声地说着什么。

总理侧过脸："一定要我去接电话？"

秘书点了点头。

周总理搁下手中的文稿，站起身来，向在座的人做了一个表示歉意的手势，走出福建厅。

告急的电话，总是像影子一样跟随着，周总理对此已习以为常。什么地方发生武斗了，什么地方受到冲击了，哪里的铁路瘫痪了，哪一位负责同志被红卫兵揪去了……一些过去想象不到的事情，现在层出不穷。许多本来应当由各级党政机关解决的问题，现在都得由总理来亲自处理、亲自过问。祖国的灾难，人民的希望，全压在总理的身上了。我们的周总理，担子是多么沉重啊！

此刻，等待着的又是什么棘手的问题呢？

总理矫健的步伐迈得更快了！他大步跨进东大厅办公室，接过电话：

"喂，我是周恩来。"

话筒里响起了中央办公厅一位负责同志的声音……

总理专注地听着。清瘦的面容，愈来愈严峻，两道浓密的剑眉，似乎要竖起来了："什么？……叶群、林立果要带着林副主席逃跑？……去什么地方？……部队的同志怎么看？……他们还弄不清是真是假？……"

这实在太突然了！

党中央的副主席、毛主席唯一的"亲密战友"、党章上明文规定的毛主席的接班人、全国人民的"光辉榜样"要逃跑、要搞分裂，这是真的吗？

报告这个情况的是林立衡，是一个有可能了解到这种情况的林彪家庭中的一个成员。联系到九届二中全会以来林彪的表现，这不能不引起周总理的高度重视。

可是，报告情况的是林彪家里的人，这中间会不会夹着家庭纠纷的复杂因素呢？林立衡同自己家庭早有矛

盾，总理是知道的。林彪还曾把自己的家事提到政治局，给政治局写过一个"老虎、豆豆是我与叶群的亲生子女"的"证明"。清官难断家务事。林立衡的报告会不会同家庭纠纷有关？仅凭林立衡的报告，又怎能对这么重大的事情作出准确的判断呢？

周总理思索片刻，作出了在当时情况下能够作出的唯一正确的决定：

"告诉警卫部队，密切注意，有什么情况立即报告。不要鲁莽行动。"

周总理放下电话，心里却不能平静。对于这样一件关系到党和国家安危的大事，如果不及时采取有效措施，固然会造成严重的危害；而如果作出了错误的判断，也同样会带来严重的后果。

必须迅速查明情况！

可是，怎样来核实林立衡反映的情况呢？……

急促的电话铃声，打断了总理的沉思。周总理好像正是在等待着这个电话似的，立即抓起耳机。

来电话的果然又是中央办公厅的负责人：

"据林立衡报告，有一架飞机在山海关机场。这架飞机是今晚8点多钟送林立果来到山海关的。"

林彪要逃跑，必须有飞机。要迅速核实这架飞机的情况。周总理立即打电话问吴法宪：

"今天调飞机去山海关机场没有？"

"没有，绝对没有。"

"究竟是没有，还是不知道？"细心的总理对吴法宪的回答并不满意。

"我不知道。"吴法宪想起，叶群曾要他把为林彪安排飞机的事交给胡萍，连忙改口说："我马上去查一下再报告。"

"你要迅速查清楚，立即向我报告。"

总理仍不放心。他想到山海关机场是海军航空兵下属一个机场，又打电话给李作鹏："你立即查一查，今晚是否有一架飞机到山海关机场？"

不久，李作鹏报告："我问了山海关机场，今天晚上，去了一架三叉戟飞机，现在还停在那里。"

紧接着，吴法宪也来了电话："我问了胡萍，确实有一架飞机到山海关去了。是改装后训练试飞去的。"

果然去了一架飞机！是试飞吗？既然是试飞，就可以立即回来！总理当即对吴法宪说："你通知这架飞机马上回来。"为了防备意外，总理又指示："飞机回来时，不准带任何人回北京。"

过了一会儿，吴法宪回电话说："胡萍说，这架飞机

有故障，不能立即回来。"

有故障？不能立即回来？又是一个疑点。周总理机警地感觉到，这架飞机的行动不太正常。虽然，不能凭此就完全肯定林彪一定要逃跑，但是，必须对这架飞机的行动保持高度警惕。总理以非常严肃的口气对吴法宪说："那架飞机修好后，一定要马上飞回来。"并指示："你立即去西郊机场，查明情况，务必把这件事处理好。"

时针指到了晚上11点22分。

人民大会堂东大厅里电话，又响起来了。

从第一次接到中央办公厅负责同志的电话到现在，周总理不知已接过多少次电话。可是，这个电话又出乎意料。

来电话的是叶群。

"总理呀，"叶群用做作出来的亲切语气说，"林彪同志要我向您报告，他想动一动。"

总理问道："你们准备往哪里动？是空中动，还是地面动？"

"是空中动，"叶群避而不答去哪里，支支吾吾地说，"我们要调几架飞机。"

"你们已经调了飞机没有？"

"没有。林彪同志要我先向总理报告，再调飞机。"

听到叶群的谎言，周总理不露声色地回答说："调飞机的事，我同吴法宪商量一下，要问一问气象条件怎样，飞行是不是安全。"

叶群是在知道了总理追查去山海关机场的飞机后，给总理打这个电话的，想以此来迷惑周总理。她没有想到：这个电话却为周总理判断林立衡报告的情况提供了依据。

明明已经有一架飞机到了山海关机场，而且是为林彪准备的专机，是林立果坐了去的，为什么撒谎说没有飞机？

为什么刚刚查问了飞机的事，叶群来了这么一个电话？

叶群的电话，不仅证实了他们确实要"动"了，而且露出马脚：他们这次行动是有鬼的！

总理放下电话，迅速作出了判断，果断地采取了措施：

派杨德中同志立即去西郊机场"协助"吴法宪，以防万一。

派李德生同志到空军司令部，负责空军的指挥。

派纪登奎同志到北京军区，加强对北京部队的指挥。

总理又考虑到，关键的问题，还是要控制住山海关机场那架飞机。于是，又给李作鹏打了电话，要他向山海关机场传达中央的命令："山海关机场那架飞机，要有周恩来、黄永胜、吴法宪、李作鹏四个人一起下命令才能飞行。"

福建厅里的会议，实际上已陷于停顿。参加这个会议的成员中，有一个重要人物——黄永胜。周总理当然知道黄永胜同林彪的特殊关系。他把黄永胜叫到身边，要他"协助"自己处理发生的情况，实际上是切断了黄永胜同林彪一伙的联系。

在作了这一系列部署之后，周总理仍放心不下，又命令吴法宪："立即准备两架飞机。如果林副主席一定要起飞，我亲自坐飞机到山海关机场去劝阻。"

西郊机场上，一架依尔－18，一架子爵号，做好了飞行的准备。我们的周总理，为了国家和人民的利益，以大无畏的气魄，准备只身入虎穴……

可是，一切都来不及了。在周总理接到叶群这个撒谎的电话后大约半小时，林彪一伙便离开了96号楼。

林彪携叶群仓皇出逃

林彪一伙在阴谋杀害毛主席、发动反革命武装政变的同时,不仅准备了南逃广州的第二套方案,还准备了叛国外逃的第三套方案。

在林彪办公室工作的许多局外人,事先并未意识到,而且在当时的历史条件下也不可能往这方面去想林彪是在搞阴谋,只是事后才回忆起来,实际上从9月7日开始,林彪一伙就为叛逃作了一系列准备。

9月7日上午9时50分左右,叶群叫内勤公务员孙忠堂通知秘书李春生,要他立即给留在北京毛家湾的秘书打电话,把《俄华字典》、《英华字典》、俄语和英语会话等几本工具书,交送林立果到北戴河来的飞机带来。当时,离原定飞机起飞的时间只有10分钟了。为了带这些书,起飞时间推迟了近1小时。

9月7日晚约9点半,叶群叫专门给她讲课的总参

▲ 林彪反革命集团操纵的"联合舰队"设在广州白云山的秘密据点

×部参谋倪煜去讲课。按原定计划,这一天应该讲马其顿王亚历山大或美国电影《巴顿将军》。可是,叶群突然拿着《世界地图集》问倪煜参谋:蒙古有哪些大城市?倪参谋回答说,有乌兰巴托、沙音山达、苏赫巴托尔、科布多等。叶群又问:"这些城市有没有北戴河大?"倪参谋回答说:"听去过的同志讲,比不上我国的中小城市,房子都是我们帮助盖的。"叶群又问:"蒙古哪些地方有苏联军队?中苏、中蒙边境地区有多少苏联军队?"倪参谋一一做了回答。

9月8日上午,将近9点,周宇驰打电话把空军司令部航行局局长尚登峨叫去,对他说:"国庆节快到了,要加强战备。林副主席1969年视察空军时,特别提到防止苏联搞突然袭击。现在是核战争时代，要注意苏联用航班飞机搞突然袭击。请你搞一份苏联航班地图，了解一下他们的飞行情况，我和林副部长还要向林副主席汇报。"周宇驰还说："你别说是给我的。"尚局长立即布置人按周宇驰的要求，画了一份航线图，当天送给了周宇驰。

9月9日上午11点30分左右，林办秘书李春生去给叶群报传阅件。当讲到关于四届人大筹备工作的中央讨论文件时，叶群说："四届人大就要召开，首长准备在会上讲话，他准备把中美关系问题的来龙去脉系统研究一下。你把有关中美关系的文件，如邀请美国乒乓球队访华，中美之间所有口信来往，中央工作会议发的文件和简报，总理同基辛格会谈的简报，以及×部在中央工作会议期间编的国际问题资料让家里送来。"

9月9日下午，周宇驰在办公室对空军司令部雷达兵技术处副处长许秀绪说："林副部长要你给他搞一份雷达探测图和开关时刻表。"许问："要全国的，还是要哪个地区的？"周宇驰说："只要三北地区的。"10日上午，许秀绪报告了雷达兵部部长，拿了一份三北地区雷达探测部署图，下午交给了周宇驰。关于开关机的时间表，由于雷达站很多，比较复杂，许秀绪没有拿，但是

把开关机的原则告诉了周宇驰。

9月9日晚,周宇驰对空军司令部情报部技侦处副处长王永奎("联合舰队"成员)说:"你叫情报部给我搞一份我国周围各国电台的频率表,明天交给我。"王永奎把任务交给技术处副处长咸小培,咸副处长到中央广播事业局借了一些资料,综合成一份我国周围各国对华广播频率表,送交周宇驰。11日,又按照周宇驰的要求,另外搞了一份比较简单的。

9月11日上午11点左右,林办秘书李春生给叶群报传阅件,在报到毛主席、总理已圈阅的14件副军以上干部的任免报告时,叶群要李秘书打电话把警卫秘书李文普叫来。叶群对李文普说:"你给家里要个电话,把副军以上干部的名册送来。副军以上干部大部分不认识,有个名册在听传阅件时可以翻一翻,印象深一点。"又说:"你让家里把部队部署情况的登记表也拿来,首长过几天去大连,准备在空中转一转。他准备研究一下战备问题。"

在讲到军委办事组关于全军干部工作座谈会情况报告时,叶群又要李秘书给毛家湾打电话,把全军干部工作座谈会的文件送一套来。

9月12日中午12点左右,叶群让李文普通知林办李秘书:"把主任叫家里送来的文件分好类别给她送去。"李秘书把文件整理好送去时,看到叶群正戴着眼镜亲自在清理文件。

……

林彪一伙以各种借口进行的这一系列活动,有的是为乘机叛逃作准备,有的是为卖身投靠作资本。

这期间,叶群不断放出空气,林彪要"动一动",要"回北京过国庆节"。可是她又让警卫秘书打电话到毛家湾,给她送来两件灰色毛料夹大衣,两件呢大衣,十多套毛料夹衣,以及许多布料衣服及厚尼龙袜,其中许多是冬季服装。他们的准备工作不能说不充分了。

但是,这伙人未能预料到,这一系列准备工作大部分成了"无效劳动"。他们在叛逃时如此仓促,那个平时最怕着凉的林彪,竟没有来得及戴上自己帽子。

林彪一伙放弃了南逃广州的计划,作出立即叛国外逃的决定,大约是在晚上11点。

22点半过后不久,叶群发觉林立衡离开了电影场,产生了怀疑,向警卫秘书查问,知道是到部队报告去了,便感到事情不妙。不久,林立果接到周宇驰的报告:周总理正在追查调到山海关的飞机。阴谋败露了!南逃广州另立中央已经不可能了,剩下的只有三十六

开国元帅 林彪

计的最后一计，立即叛逃。

林彪一伙当时是如何密谋的，已经"死无对证"。要把当时发生在96号楼里那个混乱的景象有条有理地描写出来，笔者也感到力不从心，只好把当时在场的一些人的亲身经历和见闻，奉献在读者面前，这样也许有助于读者对当时的"全景"有个立体的了解。

林彪的内勤公务员张恒昌回忆道：

晚上约10时半，我和陈占照（林彪的内勤公务员）商量，准备让林彪休息。正在这时，叶群又到林彪的客厅，同林彪谈话。陈占照便先去吃夜餐，准备吃完夜餐回来再让林彪休息。

大约（晚上）11点过后，林彪打铃叫我，告诉我说："今晚不休息了，准备马上夜航到大连去，到大连住一个星期就回来，有些东西可以不带了。"我立即把准备夜航的事告诉了林立衡。

陈占照回来后，我去吃夜餐。还没吃完，陈占照打电话找我，让我马上回去。这时大约11点半。林彪叫我通知叶群，空军疗养院的两个护士（当时在96号楼照顾林彪）不带了，让人把她们送回去。

我到叶群办公室，看到刘沛丰坐在叶群的办公室里，地上放着几个皮包。叶群和林立果在里边屋子里谈话。刘沛丰看到我，把我拦住，不让进去。我就把林彪的话写在纸条上，让刘沛丰转给叶群。

回到内勤值班室，陈占照告诉我，林彪马上要走，叫赶快收拾东西。我们一边收拾东西，一边商量怎么办。陈占照要我去报告林立衡。我找了一会，没有找到。

大约11点40分到50分，叶群、林立果和刘沛丰一起到林彪的客厅里。刘沛丰手里提着三四个皮包。叶群一到，就马上出来到处找李文普，叫喊着调汽车，在走廊里到处乱窜，像个疯子一般。

我赶紧出去，想再找找林立衡，在走廊里碰到李文普。我问他，为什么让刘沛丰到林彪那里去？李文普说："我们不管他。"

我在96号楼里没找到林立衡，便给56楼打电话，林立衡又不在。

这时，杨振刚（林彪的汽车司机）开车上来了。李文普从车库外面走进车库，站在汽车后面同杨振刚谈话。紧接着，林彪、叶群、林立果、刘沛丰从房间里出来了。

刘沛丰提着三四个皮包，首先上车，接着叶群、林立果上了车，林彪最后上车。李文普上车后，汽车立即

开走了。

没几分钟，听到下面响起了枪声。

我赶紧往秘书办公室跑。办公室的同志还在整理文件。我告诉他们，不要整了，他们都跑了！这时，正好林立衡打来电话，我立即告诉林立衡，他们跑了！

我压上电话，赶紧跑出屋子。8341部队警卫科刘吉纯副科长、林办李春生秘书、宋德金秘书和我一起，坐上一辆停在门外的一辆伏尔加，立即去追林彪的车。我们四个人，只有刘吉纯带着一支手枪。汽车开到58楼，喊上来一位8341部队的战士，带了一支自动步枪。赶到机场时，看见一架飞机在跑道上滑动。等我们下车时，飞机已起飞了。

在我们赶到之前，8341部队也有一辆汽车赶到了机场。

……

林彪的内勤公务员陈占照的回忆：

晚上11点半左右，林彪打铃。我到了林彪的客厅，林彪叫我找张恒昌。我立即把小张找去。

不一会，小张从林彪客厅出来，告诉我说，林彪马上要走，要他去告诉叶群，走的时候不要带空军疗养院的两个护士。

（晚上）11点50分左右，林立果、叶群、刘沛丰一起来到林彪的客厅。过了一会，叶群、林立果出来。林彪又打铃，我到林彪客厅，林彪对我说："马上去大连，不休息了，有些东西可以不带，够用就行了。过几天再回来，回北京过国庆。"这时，刘沛丰站在客厅门口，一言不发。我还看到沙发上放了三四个黑色手提皮包。

我走出客厅，看到叶群、林立果像热锅上的蚂蚁，叶群披头散发，林立果跑来跑去，忙着调车，十分着急的样子。

汽车调到车库，林彪、叶群、林立果、刘沛丰一起出来。林彪走在最后边。走到我们内勤门口时，他问："东西都装车没有？"我答："没装车。"林彪再没说什么，也没停步，连帽子、大衣都没带，就钻进了汽车。

我立即向58楼打电话，正好豆豆在那里，我告诉她："他们都跑了，什么也没带。"

打完电话，我从96楼出来，就听到58楼附近响了枪声。

……

林彪的警卫秘书李文普的回忆：

林立衡、刘吉纯刚去58楼报告不久，叶群就发觉

林立衡不再看电影，产生了怀疑，把我叫到她的办公室，问我："林立衡哪里去了？"

我说："刚才林立衡找我，让我跟她到58楼报告去，我没去，她就走了。"

叶群说："你准备准备，首长有随时走的可能。"

晚上11点40分，叶群叫我和她一起到林彪那里去。叶群让我在门口等着，她到林彪的客厅，同林彪说了几句话，就叫我进去。林彪对我说："今晚反正也睡不着了，你准备一下东西，现在就走。"

我从客厅出来，叶群也跟着出来，叫我"快点调车，越快越好"。到放电影的地方，又告诉慕宗文（叶群的司机，当时他正在放电影）："电影不要放了，首长马上走。"叶群又把我叫到她的卫生间，说："快点吧！什么东西都不能带了，有人要来抓首长，再不走就走不了了。你快去调车。"

我回到走廊，又催慕宗文快去开车，让林彪的司机杨振刚快把车开上来。然后到值班室，给北京打电话，找到了胡萍。我说："首长要马上走，什么也不带，我觉得方向不明确。林立果跟你讲到哪里去了吗？"

胡萍说："你不要问了，不要问了！你不要往北京打电话了！"他很不耐烦地把电话放下了。

这时，林立果来到值班室，把我拖到叶群的卧室，对我说："老李，快点吧！有人要来抓首长。我给周宇驰打个电话，你在这里看一下。"

我站到门口，林立果到里边打电话。我听到林立果说："首长马上就走，你们越快越好！"他放下电话出来，催我说："你快去调车。"

林立果走后，我到值班室里，准备拿上给林彪装日用物品的两个皮包。8341部队张副团长来电话，问我怎么回事。我说："要马上走。"张副团长继续追问，我假装听不清的样子，"啊！啊"地一连说了四五个"啊"，来欺骗张副团长。

林立果又走了进来，问是谁来的电话。我说是张副团长。林立果便把电话压了，催我快调车。我说："车马上就开上来了。"

我拿了两个皮包，走到外边，边走边喊了两声："快把车开上来！"杨振刚把车开到门口停下了。我问："老杨，汽车不会出毛病吧？"

杨振刚说："不会的。到哪里去？"

我说："到机场。"

这时，林彪、叶群、林立果、刘沛丰走出来，立即上了汽车。我也跟着上了车，汽车便开动了。开出不

久，叶群对林彪说："李文普和老杨对首长的阶级感情很深。"

林彪没有吭气。

过了一会，林彪问林立果："到伊尔库茨克多远？要飞多长时间？"

林立果说："不远，很快就到。"

汽车开到58楼时，姜作寿站在路边，扬手示意停车。叶群说："8341部队对首长不忠，冲！"

杨振刚不但没有停车，反而按喇叭加快车速，冲过58楼。

听说要去伊尔库茨克，我的思想犹豫了：跟着跑，这不是当叛徒了吗？到了苏联他们能管我吗？会不会把我弄回来？就是不把我弄回来，我的老婆、孩子不成了叛徒的家属了吗？我觉得还是下车好，便决心下车。

汽车冲过58楼以后不久，我突然喊了声："停车！"

杨振刚把车停下了。我立即下车，当时车里几个人没有吭声。我为了保命，向后车门后面退了几步。我说："你们到底要往哪儿跑？"

叶群气冲冲地说："李文普你想干什么？"

我说："当叛徒我不去。"便转身向58楼喊了一声："来人哪！"

车里向我开枪,我即向汽车的前门开枪。

……

为什么当时李文普喊停车时,立即停了车,甚至在他下车时车里的人并没有立即作出反应?对这个问题,他自己是这样分析的:

我在林彪的阴谋活动中,忠实地为他们效劳,又是那样忠实地为他们逃跑保密和欺骗别人,做了不少坏事,林彪不会怀疑我不跟他们跑。我下车后,当他们看到我不跟他们走,才想开枪打死我灭口。

山海关机场的深夜,一个不平常的深夜。

23点05分,海航某师山海关机场调度室值班员李万香(航行调度室主任),接到李作鹏打来的电话:

"你是山海关指挥室吗?"

"指挥室没人,我是航行调度值班员。"

"不是今天下午来了一架飞机吗?"

"是的。"

"什么时候落地的?"

"20点15分。"

"没有走吧?"

"没有走。"

"好的,好的!我就了解这件事。"

约23点10分，李万香把李作鹏来电话的情况，报告了山海关机场潘浩站长。潘站长当时以为，可能是哪一位首长要用飞机，没有引起特别重视。

23点35分，李万香又接到李作鹏的电话。这一次，李作鹏首先问了值班员的姓名，然后说："告诉你们，它（指当时在机场的这架飞机）的行动，要听北京周总理的指示，黄总长指示，吴副部长指示和我的指示，以上四人其中一位首长指示放飞，才能放飞，其他人指示都不可以。"

李作鹏要了一个大滑头。他把周总理的指示"必须由周恩来、黄永胜、吴法宪、李作鹏四个人一起下命令才能飞行"，篡改为"以上四人其中一位首长指示放飞才能放飞"。

尽管如此，这个电话仍引起了机场工作人员的严重注意。约23点40分，值班员把这个电话的内容报告了潘浩站长，潘站长又立即告诉了场站史岳龙政委，并要史政委立即把赵雅辉副站长、佟玉春参谋长叫起来。

13日零点左右，这几位机场负责人到了一起，潘站长把李作鹏先后来电话的情况又讲了一遍，商量怎么办。他们在当时虽然不了解这件事情的背景，但是一致认为，有关这架飞机的事，情况复杂，事情重大。他们打电话向师首长作了报告后，便立即到机场调度室去了解情况。

13日零点零6分，机场航行调度室又接到李作鹏的电话，再一次通知："四个首长其中一个首长指示放飞，才能放飞。"后面又加了一句："谁来指示，要报告我，要负责任。"

李作鹏后面这句话，大有"学问"。他是不是"估计"到其中的某一个人会"指示"放飞呢？他事先讲了这么一句话，在飞机放飞后就可以推卸自己的责任。

大约零点10分，潘站长等人来到航行调度室。值班员李万香报告了李作鹏来电话的情况。这时，航空兵××师派驻山海关机场的李海彬已为三叉戟飞机要了加油车。他们觉得，情况紧急，必须再给李作鹏打个电话，问明情况。潘站长便亲自要通了李作鹏的电话：

"是李政委吗？"

"是的。"

"我是山海关机场潘浩。政委是不是给我们来过几次电话指示？"

"是的。"李作鹏把他已经通知的内容，又重复了一遍。

"现在飞机正在加油（实际上没有来得及加油）。如

果飞机强行起飞，怎么办？"

李作鹏回答说："飞机如果强行起飞，可直接报告周总理。"

李作鹏在这里又耍了个花招。他没有叫机场事先采取阻止强行起飞的措施，却要机场在飞机强行起飞时再报告周总理。而实际上，到那时已来不及采取任何措施了。这就等于是要机场放飞，同时又把责任推给了场站和周总理。

潘站长听了这个回答，不好再说什么。他想，飞机能不能起飞，关键在于飞机驾驶员。他已经知道驾驶这架飞机来山海关机场的，是航空兵××师副政委潘景寅。于是，他又问李作鹏："中央首长的指示，是不是给××师潘副政委传达？"

李作鹏同意了。

潘站长放下电话，已经是零点20分。他和场站史政委一起，急忙去找潘景寅。

但是，就在潘站长打完这个电话之前，大约零点18分，林彪一伙乘坐的红旗轿车，已经驶进机场。

潘站长等从航行调度室一出来，便看到这辆小轿车驶进机场，向三叉戟飞机驶去。他们迅速跑到潘景寅住的房间去，潘景寅已经不在了。他们又立即回头向停机坪跑去。

但是,他们还没有来得及赶到停机坪,飞机就发动了!

潘景寅是怎样跑上这架飞机的?现在已经无法找他本人查对。知道这个细节的,只有程洪珍了。

这天傍晚,程洪珍跟随林立果来到山海关机场,下了飞机后,就按照林立果的指示,和两个女青年一起,先把林立果从北京带来的皮箱往一块归拢,总共有20多只。然后,他到两个女青年的宿舍里,发给她们每人一支手枪,准备教她们使用。她俩说,她们会使用,陈伦和已教过她们。程洪珍便向他们传达了林立果的指示:"明天还有一架飞机来这里,是周副主任(指周宇驰)坐来的伊尔—18,走的时候,你们可能上那架飞机,也可能上刚才来的这架三叉戟。如果上这架飞机,上去后听李伟信副处长指挥。今天听我指挥。"

为了保证第二天早上林彪和黄永胜通电话,程洪珍又到当时派驻山海关机场的航空兵××师西郊机场调度室主任李海彬的宿舍里,检查了安装在这里的两台保密电话机,一台通北京,一台通北戴河96号楼。程洪珍进行了通话试验,声音很好,这才放心。

驾驶三叉戟飞机到山海关的潘景寅,这时正在同李

海彬一起看全国气象图。程洪珍问他：

"飞机维护好了吗？"

"维护好了，不会有问题。"潘景寅说。

"飞机警卫好了吗？"

"这个你放心。"潘景寅笑了一下说，"机场的人可聪明了，看到什么飞机来了，就知道派什么人警卫。"

20点多钟，程洪珍便去睡觉了。这位"迷你司令"跟着林立果已经几天没有好好睡觉，现在林立果不在，倒在床上便睡着了。

21点40分左右，胡萍从北京用保密机和潘景寅通话。李海彬在旁，只听到潘景寅连声应着："好的，好的。"最后又说了一句："明白！"潘景寅放下电话，就把地勤人员叫起来，并叫李海彬要加油车给飞机加油。李海彬问："加多少？"潘景寅说："加两吨半。"李海彬说："那要一个加油车就够了。"潘景寅说："你要两个吧！"

零点零3分，李海彬刚要了加油车，北戴河8341部队的宋定忠，通过专线给李海彬打电话说："有小轿车去山海关机场了，车到了别让它走，要卡住。"

程洪珍睡得正香。潘、李两人把程洪珍叫醒，给他讲了刚才接到的电话。问他："你认识这个宋定忠吗？"

程洪珍也不认识。他们都觉得情况严重，必须立即报告林立果。程洪珍立即给北戴河96号楼打电话,没有要通,便打电话到北京,找到周宇驰,报告了刚才发生的情况。

周宇驰不等程洪珍说完,便急促地说:"知道了,知道了,康曼德已经出发了。现在情况紧急,北京正在追查,你快跟他们跑吧!"

程洪珍慌了神,同潘景寅、李海彬商量怎么办。这时胡萍又来电话找潘景寅。潘景寅接过电话后,对李海彬说:"谁要问这架飞机来干什么?就说是训练;问为什么不回北京?就说有故障。"

李海彬说:"空军司令部调度室问了好几遍了,这架飞机什么时候回北京?"

潘景寅气冲冲地说:"老问干吗呀?!就说还没有走!"

三个人正不知怎么办好,听到外面有汽车的声音,他们估计是林立果来了。潘景寅便立即往外跑,程洪珍也跟着跑出去,看到一辆汽车已急速驶到三叉戟飞机附近。潘景寅加快速度,向三叉戟飞机跑去。

程洪珍跟着跑了一段,看到三叉戟飞机附近乱成一片。他突然害怕起来,站住了。

零点22分,林彪的红旗轿车飞速驰到三叉戟

号附近。汽车还没停稳,叶群就跳下车来,高声号叫着:"有人要害林副主席,我们要走了。"她跑到加油车旁,当时油车还没来得及加油,就叫喊道:"快把油车开走,快把油车开走。"

其他的人也很快下了车,一个个丧魂落魄,手忙脚乱。叶群、林立果、刘沛丰拿着手枪,乱喊乱叫:"快!快!快!……飞机快启动!飞机快启动!"

飞机发动了,可是没有登机的梯子。这伙人慌慌张张地跑到驾驶舱门底下,攀着驾驶舱的小梯子拼命往上爬。第一个上去的是刘沛丰。叶群披头散发,跟了上去。光着脑袋的林彪,紧跟着往上爬,他的秃头差不多顶到了叶群的脚……

他们刚上去,机组人员还没上齐,副驾驶员、领航员、通讯报务员都没上飞机,机舱门也没来得及关上,机场的滑行灯也没有开,飞机就强行滑出。滑行时,右机翼撞坏了停在滑行道旁的加油车罐口盖,刮掉了机翼上的铝皮,撞碎了机翼上的绿色玻璃灯罩和有机玻璃……

零点28分,山海关机场赵雅辉副站长在电话里向李作鹏报告:"飞机已强行滑出。"

李作鹏问:"飞机到了哪里?"

赵副站长说:"快到跑道了!"

李作鹏说:"就这样吧。"

1971年9月13日零点32分,林彪一伙乘坐的三叉戟256号飞机,在没有夜航灯光和一切通讯保障的情况下,在一片漆黑中,强行起飞了。

没有热烈亲切的送行场面。

没有前呼后拥的随行人员。

没有名目繁多的生活用品。

他们从北京运到北戴河准备带走的珠宝等大批珍贵物品,都丢下了。

他们窃取的我党我军大批绝密文件,已经装进叶群专用汽车的后备箱里。可是,这辆汽车却没来得及开动。

他们逃跑时乘坐的林彪的专用红旗轿车,孤零零地抛弃在停机坪上,里面乱七八糟地丢下了枪套、叶群的头巾、叶群随身携带的手提包……

"联合舰队"的"迷你司令"程洪珍,惊恐地站在远处的草坪上。

离程洪珍不远处,站着两个从睡梦中惊醒的女青年,惶惑地望着飞机滑出跑道,在夜空中消失了。

全国禁空令

13日零点左右,周总理接到中央办公厅负责同志的电话:北戴河8341部队报告,林彪一伙坐汽车离开96号楼,向山海关方向逃跑了。汽车开出不久,林彪的警卫秘书从车上跳下来,被打伤了!……

周总理立即给吴法宪打电话,断然下达了两道命令:

从现在起,不准任何飞机飞进北京。

全国的飞机,没有毛主席、周恩来、黄永胜、吴法宪、李作鹏五人的联合命令,不准起飞。

这就是周总理发出的全国禁空令。

周总理放下电话,向秘书打了招呼:"我去见主席,有事到那里找我!"说着,出了人民大会堂,乘车向中南海驶去。

毛主席回到北京,才几个小时。

9月11日下午,毛主席坐火车离开上海后,到南京停了十几分钟，便一路未停，于9月12日下午2点左右到达丰台。毛主席把北京军区和北京市的负责人李德生、纪登奎、吴德、吴忠叫到丰台，在火车上谈了话。下午5时左右，列车驶进北京站。

近80岁的老人，经过连续20多个小时的旅途颠簸，多么需要好好休息一下啊！在情况没有弄清楚的时候，不好惊动毛主席。

事态的发展竟是如此的快！现在必须立即报告毛主席了！

中南海毛泽东的书房里。毛主席坐在沙发里，细心地听着周总理的报告。

毛主席秘书的办公室，电话铃声不断。周总理多次中断了同毛主席的谈话，出来接电话，然后把最新的情况报告毛主席。

零点32分，三叉戟256号在山海关机场强行起飞了。周总理报告了毛主席，并下令开动雷达，进行追踪。

指挥所及时把情况报告周总理。

"零点43分，航向290度，飞机距机场55公里。"

"零点46分，航向310度，向西北方向飞去。"

"现在飞机时速550公里，高度3千米。"

……

周总理向空军司令部调度室发出命令：

"请你们向256号飞机呼叫，希望他们飞回来。不论在哪个机场降落，我周恩来都到机场去接。"

指挥所的呼叫声，通过无线电波，传到三叉戟256号的驾驶舱里。

一分钟，两分钟，……几分钟过去了！

256号飞机没有回答。

吴法宪在北京西郊，急得满头大汗。谁都知道他同林彪的特殊关系！他当然清楚周总理派杨德中到机场来"协助"他的用意。他打电话给周总理："飞机的方向不对头，是向蒙古方向飞了，要不要拦截？"吴法宪提出了拦截的方案。

要不要拦截？

党中央的副主席，全国人民的"副统帅"，白天的报纸上还在大肆宣传的"毛主席的亲密战友"，如果突然被打了个空中开花，怎样向全国人民作解释？国际上将会产生什么舆论？

周总理回答吴法宪："你不要行动，这事要请示毛主席。"

毛主席表态："天要下雨，娘要嫁人，都是没法子的事，由他去吧！"

13日凌晨1点55分，256号飞机从中蒙边界414号界桩上空，进入蒙古境内。

林彪叛国逃跑了！

又过了一会，周总理接到报告：256号飞机在雷达的荧光屏上消失了！

9月13日凌晨，当总理接到林彪乘坐的飞机已逃出国境的报告时，首先考虑的是：要做好可能出现的最坏情况的准备。

在这严峻的时刻，必须立即采取一切必要的措施！

在周总理的劝说下，毛主席出了中南海，到人民大会堂北京厅住下了；

按照毛主席指示，立即召集中央政治局委员到人民大会堂开会，通报情况；

立即通知外交部等有关部门领导，准备好各种情况下的应对措施；

立即通知各主要新闻单位负责人，确定近期内有关林彪的宣传策略；

尤其是：必须确保国家和人民的安全。

于是：

首都北京同各大军区的电话迅速接通了！

军区的负责同志们来到了电话机前。

周总理拿起话筒，亲自向各大军区负责人通报了情况，并发布命令：

"庐山会议上第一个讲话的那个人，带着老婆、儿子叛国逃跑了！从现在起，部队立即进入一级战备，以应付一切可能发生的情况！"

……

折戟沉沙

1971年9月14日午后，林彪乘三叉戟256号飞机仓皇叛逃已30多个小时。

周总理吃了安眠药，刚刚躺下。外交部送来一份特急件，并在电话上通知了总理办公室秘书：这是一份特别重要的文件，一定要立即报告总理。

按习惯，总理要睡4个小时。何况，从12日晚上以来，总理一直没有合过眼，真不忍心再惊动总理。但是，秘书还是叫醒了总理。

这份"特别重要的文件"就是我国驻蒙古大使馆给外交部的报告。蒙古外交部副部长额尔敦比列格，于上午8时30分通知我国大使：一架中国喷气式飞机，于13日凌晨二时左右，在蒙古肯特少贝尔赫县境内坠毁，乘员9人全部遇难，并向我提出口头抗议。我大使已提出要求到现场调查。

在蒙古温都尔汗西北约 70 公里的苏布拉嘎盆地，一个草原沙丘间的沙土质盆地，南北长 3000 米，东西宽 300 米，地面覆盖着茅草，十分平坦，是一个理想的飞机迫降地。飞机失事在这片草地的南半部。

根据我空军雷达荧光屏上目标消失的时间，可以作出这样的分析：大约在凌晨两点十七八分钟，飞机开始降低高度，寻找迫降场地。

我们知道，飞机起飞时，油箱存油 12 吨半。三叉戟飞机在三四千米的高度飞行，每小时耗油 5 吨。这时，飞机已飞行近两个小时，应还有 2 吨半存油。由于油箱中有一部分油是油泵抽不上来的，不能使用，所

▲ 256 号专机残骸

以，飞机最多还能继续飞行20多分钟。

了解情况的人可能会问：温都尔汗就有简易机场，几分钟可以到达，为什么要在此迫降呢？

对这个问题，我们可以作出这样的判断：当时飞机上没有领航员，潘景寅从来没有飞过这条航线，又没有地面导航，他弄不清飞机的精确位置。当看到飞机的存油量已经不多时，他能够想到的唯一出路，就是寻找合适的迫降场地。

眼前的这片开阔地，真是最理想不过了，他当然不能放弃这个机会。于是，飞机在空中回旋，由原来从东向西北方向，转到由北向南的方向，开始迫降。

凭着潘景寅的驾驶技术，在这样理想的场地上，迫降是很可能成功的。但是，由于飞机上没有副驾驶员，在迫降时很可能没有打开减速板，也没有使用变速的反推力装置。所以，飞机着陆时速度太快，机身上下跳动，左碰右撞。于是，机翼折断，油箱破裂，机身解体，野草呼呼地燃烧起来，在草原上形成了一条巨大的火龙。

事后从现场观察，飞机着陆后在地面滑行约500米，草燃烧的长度约800米，宽度50米到200米不等。着陆点附近西侧不远处，有一道20多厘米宽、几米长的

沟槽，这显然是由于机身侧斜、机翼擦地造成的。离着陆点约30米，便开始出现飞机碎片。至飞机爆裂点200米处，机身开始解体。这里有一片带舱窗的机壳，在它的东面略偏南20米处，有一扇钉有"旅客止步"塑料牌的门，它的南侧30米外，有一发动机。距爆裂点400米外，有3个联装座位架及坐垫，成三角形分布，每边距离40米左右。座位架东40米外，有一段机翼，上有"中国"二字。再往前，便是主机燃烧的地方。飞机在这里停止了滑行。

主机燃烧区的面积，南北约100米，东西约200米。大部分机件被焚毁，门扇、起落架、飞机的躯干以及人的尸体等，散成一片。印有国徽及机号的机尾，仍比较完整。正东20米处有一大段机翼，上有"民航"二字，其根部"航"字附近有一个直径约40厘米的大洞，但机翼的顶面并未穿透，洞孔形状不规则，边缘外翻，说明不是从外部打击造成的，而是在飞机破碎过程中，从内部冲击形成的。一个起落架相当完整，没有撞击和磨损的破坏痕迹，主轮胎良好，说明没有放起落架。主机周围还散落着林彪一伙携带的6支五九式手枪，一支冲锋枪，以及叶群的一只白色高跟鞋。

通过现场分析，中蒙双方当时都作出了这样的判断：这架飞机是在迫降接地后着火爆裂的。

9具尸体，横七竖八地抛撒在距主机50米距离之内。让我们从北向南，按照距主机远近的顺序（很可能也就是被抛出的先后次序），看一眼他们最后的丑态吧：

一号尸体：左臂骨折，小腿绽裂，头发烧光，右眼外角有伤痕，腹部有灼痕。衣袋里的语录本里夹有纸条，上面记着毛家湾、汽车保养厂及三座门汽车班的电话号码。经查证，这是林彪的汽车司机杨振刚。

二号尸体：个子较高，腰系手枪，衣服全部烧光。皮肤烧伤不重，胸部有一大片焦痕，鼻孔下至右嘴角有几道血迹流向右腮右鬓。死前似在烈火中挣扎，面部表情痛苦、凶恶。附近有填写着林立果姓名、年龄的工作证。显然，这是"联合舰队"的"司令官"林立果。

三号尸体：衣服烧光，皮肤烧灼较轻，指尖大部烧焦露出骨头，脸部鼻尖以上裂开。体型较矮胖，有虎牙，身上带着一串钥匙。经查证，这是"联合舰队"主要成员刘沛丰。

四号尸体：个子较高，根据身上的皮夹克及耳朵的形状判明，他是特级机械师邵起良。

五号尸体：衣服全部烧光，头皮有绽裂，鼻烧焦，

眉烧光，眼睛成黑洞，右门牙至犬齿摔掉，舌头烧黑，左眼内角至鼻梁间有一伤痕，胫骨炸断，体型瘦小，秃顶，有额纹。这无疑是林彪了。

六号尸体：长方脸，穿布质飞行服，可以判明是机械师张延奎。

七号尸体：体胖，个子小，他是空勤机械师李平。

八号尸体：唯一的女尸。衣服全烧光，头发基本完好，额前略焦，两眉焦而未脱，右眼角有一银元大焦痕，左嘴角烧伤，左臂绽裂，脚底烧伤起泡，她当然就是叶群了。

九号尸体：个子高大，离机头残骸最近，衣服全烧光，皮肤烧伤较重，面部嘴以上焦泡层层，糊成一片，脸部两大片皮肤绽裂，腹侧及两大腿焦泡连连。他就是驾驶这架飞机的潘景寅。

在所有的尸体上，都没有枪伤的痕迹。

林彪自我爆炸后的第三天，9月16日上午11时，在距离飞机坠毁现场约1000米的无名高地上，挖了一个十来米长、约2米宽、1米半深的大坑。9具面目可憎的尸体，连同他们的野心被装入白木棺材，并排合葬在这个异国的墓穴里。

林彪一伙篡党夺权、祸国殃民的犯罪活动是在"文化大革命"这一特殊背景下进行的。林彪、叶群、林立果等人尽管在 1971 年 9 月摔死在国外，这个反革命集团的许多阴谋已暴露在光天化日之下，但当时"文化大革命"还在继续，从"文革"一开始便同林彪一伙互相勾结、狼狈为奸的"四人帮"还在台上，这一伙人仍疯狂地干着篡党篡国的活动，因此总是竭力掩盖他们共同的反革命罪行。江青为了壮大自己的反革命队伍，还把林彪这个集团的一些余党搜罗到自己麾下。这就决定了在当时条件下，对林彪一伙的罪行是不可能得到彻底清算的。

但是，天网恢恢，疏而不漏。5 年之后——1976 年 10 月，恶贯满盈的"四人帮"一夜之间也被揪了出来，两个结成联盟的反革命集团先后垮台，这场同"文化"恰恰相悖的"革命"在万民欢呼声中宣告结束。